Herbert Fießinger

Das Kloster Reichenau

und die Großmacht Venedig

Göggingen als Reichenauer Villikation

Herbert Fießinger

Das Kloster Reichenau

und die

Großmacht Venedig

Göggingen als Reichenauer Villikation

Herbert Fießinger:
Das Kloster Reichenau
und die Großmacht Venedig
Göggingen als Reichenauer Villikation

Copyright 2025 Herbert Fießinger

ISBN: **978-3-8192-1082-2**

Die Deutsche Nationalbibliothek verzeichnet diese Publikation in der Deutschen Nationalbibliografie; detaillierte bibliografische Daten sind im Internet über dnb.dnb.de abrufbar.

Verlag: BoD · Books on Demand GmbH, Überseering 33, 22297 Hamburg, bod@bod.de
Druck: Libri Plureos GmbH, Friedensallee 273, 22763 Hamburg

Dieses Buch ist ein Neudruck des Buches "Kloster Reichenau im Zeichen des Geflügelten Löwen. Göggingen als Reichenauer Villikation". Mit Zusatzkapitel: Großmacht Venedig.

Inhalt

Vorwort

"Heiliger Markus Dich grüßen wir".

Es ist am Fronleichnamstag im Jahr 2023. Die eher bescheiden große Prozession kommt bei strahlendem Sonnenschein die Straße herab. Am Straßenrand steht die stramm Spalier stehende weiß-gelb und rot gewandete historische Bürgerwehr mit Gewehren und Trompeten und gibt den Gläubigen die musikalische Begleitung. Festlich gekleidete Männer tragen kleine und mittelgroße goldene Schreine mit heiligen Reliquien, und zweigen nach rechts ab zum Vorplatz des Reichenauer Münsters, wo ein kleiner, recht schmuckloser Altar und ein kurzer Blumenweg errichtet wurden, und wo einheimische Frauen in ihrer althergebrachten Tracht mit ihren schwarzen Radhauben auf dem Kopf bereits warten. Den Trägern der heiligen Schreine folgen prächtig gekleidete Frauen, und sie singen beim Abbiegen zum Kirchplatz: "Heiliger Markus Dich grüßen wir".

Die Gebeine des Evangelisten Markus befinden sich seit uralten Tagen auf der Reichenau, und dieser Evangelist wurde später zum Kirchenpatron der Mittelzeller Klosterkirche erhoben. Kurz nach dem Jahr 1300 wurde der goldene Markusschrein errichtet, dessen Kopie man heute mit seinen schönen Reliefbildern am Eingang des Münsters bewundern kann, und der das sogenannte Heiltum enthält, also die heilbringende Reliquie des heiligen Markus.

Dass es mit dieser Reliquie eine spezielle Bewandtnis hat, dass der beispiellose Niedergang des Klosters Reichenau im Mittelalter auch durch eben diese Markusgebeine verursacht wurde, dass also der heilige Markus dem Kloster nicht immer Heil brachte, davon soll hier erzählt werden.

> Königs-Au fürwahr, reich bist du einstmals gewesen,
> Ach jetzt, so wie du bist, hast du fast alles verloren.[1]

Göggingen im Juli 2023   Herbert Fießinger

---

1   Klage des Abtes Konrad von Zimmern 1254

Einleitung

Die Lage auf der Bodenseeinsel Reichenau ist einzigartig für die Errichtung eines Klosters. Hier, durch das Wasser vom weltlichen Leben der umliegenden Ortschaften getrennt, aber doch nicht allzu abgeschieden, kann das geistliche Ordensleben zur höchsten Blüte gelangen. Die wunderschöne Natur, das Wasser und der Blick auf die fernen Berge laden geradezu ein zur stillen Kontemplation und lassen einen die Nähe Gottes spüren. Ora et labora, bete und arbeite. Das milde Klima begünstigt landwirtschaftliche Arbeiten, dazu Fischerei und Weinbau, und ein Kloster hätte damit im Mittelalter sein Auskommen gehabt. Auch die Benediktiner im nicht allzuweit entfernten Kloster Beuron lebten bis etwa dem Jahr 1990 von der eigen betriebenen Landwirtschaft. Diese hatten eine große Anzahl Kühe im Stall stehen und verkauften deren Milch. Sie hatten einen großen Garten, verkauften Honig und eigen erzeugtes Fleisch. Im Jahr 1986, ich erinnere mich noch gut, denn ich war in diesem Jahr sehr oft in Beuron, waren die Klosterbrüder mit Traktoren unterwegs und mit Maschinen aller Art. Sie waren sowohl dem Leben als auch Gott zugewandt. Eine gesunde Mischung wie mir scheint. Und daneben betrieben sie noch ein Kunstgewerbe, hatten einen Verlag und einen Buchdruck.

So hätte man, als das Kloster Reichenau gegründet wurde, sich ein besinnliches Klosterleben auch dort vorstellen können. Indessen kam es ganz anders.

Das Kloster Reichenau erlebte eine einzigartige Blütezeit um das Jahr 1000, deren Glanz sich bis in unsere Zeit erhalten hat. Wie oft liest man heute noch vom Begriff der Reichenauer "Klosterherrlichkeit". Damals, als das Kloster reich geworden war, änderte der Volksmund den Namen des Klosters und der Insel nicht umsonst von Au in "die reiche Au", Reichenau. Damals, - es ist wohl tausend Jahre her- erzählte man sich, dass wenn der Reichenauer Abt nach Rom reisen wollte, er jeden Tag auf eigenem Grund und Boden habe übernachten können. Von Ulm bis nach Italien reichte der Besitz des Klosters. Und ebenfalls ging die Sage, dass wenn der erste Wagen der Kolonne mit den Lehensabgaben im Kloster Reichenau von Ulm kommend eintraf, der letzte Wagen noch in Ulm am Stadttor stand.

Zweifellos sind das literarische Übertreibungen. Näher an die Wirklichkeit kommen wir wenn wir lesen:

> ... ein Kloster das einst etwa 300 adlige Vasallen hatte und von dem vier Erzherzöge, 10 Pfalzgrafen und Markgrafen, 27 Grafen und 28 Freiherren und Ritter Lehen trugen. Ein Kloster aus dem 18 Erzbischöfe, 60 Bischöfe und 29 Äbte für andere Klöster hervorgingen. [Güßfeldt S.68, Staiger S.151]

Und die vielen bäuerlichen und bürgerlichen Lehensnehmer der vielen Dörfer und der Stadt Ulm sind oben noch gar nicht aufgeführt.

Konrad Gröber, der spätere Erzbischof, gebürtig aus Meßkirch, hat sich eingehend mit der Reichenau beschäftigt. Seine Bücher sind von großem Sachverstand geprägt. Und auch er verfällt dem unerklärlichen Zauber der Reichenau, als er um 1922 die Insel besuchen kommt, wenn er schreibt:

> Das Kloster sah neben Kaisern und Königen, Kardinälen und Bischöfen, Künstlern, kunstliebenden Leuten und emsigen Forschern auch manch andere landen, die besser nicht gekommen wären. Aber dann ertönen, während die Wellen uns noch schaukeln, die schwermütigen mittelalterlichen Glocken, wie wenn es da drüben in schweigsamer Mönchsordnung zum Konventamt ginge. Wir steigen aus, aber kaum jemand stört die stimmungsreiche Stille. Die fleißigen Landleute, Rebbauern und Fischer der Insel haben jahraus jahrein auf ihren oft entlegenen Wiesen und fruchtbaren Feldern,

in den ansteigenden Weingärten und im schwankenden Kahn viel zu tun. So ist es, als ob die alte Klostereinsamkeit uns umfange und mit dem Gesäusel der mächtigen Bäume auf dem Kirchplatz die verwitterten Steine des 10. Jahrhunderts uns geheimnisvoll umflüstern. Die Mönche sind tot, nur ihre Kunst redet noch aus fernen Zeiten herüber in rätselhaften Lauten, wuchtig und inhaltsschwer. [Gröber 1922 S.4]

Der unerklärliche Zauber der Reichenau ist auch in mir noch allgegenwärtig, und das, obwohl ich viele Geheimnisse des Inselklosters kennenlernen durfte, schöne und weniger schöne. Ist es nur, weil mein Heimatdorf Göggingen einst eine Reichenauer Villikation war? Oder strahlt die einstige kulturelle Blüte, der innere und äußere Reichtum des Klosters nach tausend Jahren noch immer im kollektiven Gedächtnis der Menschheit?

Hermann der Lahme übertreibt nicht wenn er die Reichenau ein Kloster nennt, geadelt durch große Männer, Bücher und die Schätze seiner Kirche. [Gröber 1922 S.8]

Wir können noch weitergehen und sagen sie ist ein Brennpunkt christlichen Lebens, ein Sammelpunkt aller Gelehrsamkeit, ein geistiger Tummelplatz germanischer Jugend und damit eine der blühendsten Pflanzstätten der Kultur jenseits der Alpen gewesen. [Gröber 1922 S.9]

Und Josef Sauer schreibt:
Auf dem wissenschaftlichen und literarischen Gebiete hat die Reichenau eine geradezu universale Kulturmission ausgeübt. [Gröber 1922 S.9]

Indes, die uns heute bekannten wissenschaftlichen und

literarischen Leistungen des Klosters sind gering. Die Kulturmission, von der Sauer spricht, ist viel eher im Bereich der christlichen Mission zu sehen, der weltberühmten mittelalterlichen Reichenauer Buchmalerei, in den beeindruckenden Bauten aus dem Mittelalter, sowie in der universalen Erinnerung an die einstige Klosterherrlichkeit, und auch in dem Reichtum, der Natur und dem Flair den das einstige Kloster sich bis in die heutige Zeit bewahren konnte. Nicht umsonst ist es vor einigen Jahren zum UNESCO Kulturerbe erkoren worden.

Zur besten Zeit des Klosters, als es noch jung war, lobte ein Abt Ermenrich aus dem kalten Ellwangen die Reichenau mit so schönen Worten:

> Reichenau, blühendes Eiland, wie bist du vor anderen gesegnet
> Reich an Schätzen des Wissens und heiligem Sinn der Bewohner
> Reich an des Obstbaums Frucht und schwellender Traube des Weinbergs
> Immerdar blüht es auf dir und spiegelt im See sich die Lilie
> Weit erschallet dein Ruhm bis ins neblige Land der Britannen[2]

Und aus der gleichen Zeit, als das Kloster noch nicht im Niedergang begriffen war, müssen auch diese folgenden erbaulichen Zeilen stammen, die auf der Insel entstanden sind:

> Dort wo die Fluten des Rheins den italischen Alpen entströmen
> In den gewaltigen See, der weit nach Westen sich

---

2 Gröber 1922 Übersetzung von J. Scheffel

ausdehnt,
Dort erhebt sich inmitten der Flut die liebliche Insel,
Aue wird sie genannt, im Herzen Germaniens liegt sie
Scharen vortrefflicher Mönche brachte sie hervor.[3]

Noch im Jahr 1590, als das Kloster längst schon seine Eigenständigkeit verloren hatte und dem Konstanzer Bischof untertan war, schrieb ein Unbekannter von einem Inselkloster das seinesgleichen suche, also einzigartig sei; und weiter: Vor Zeiten sehr dem Reichtum zugeneigt ... und dann schreibt er: Liest du die Chronik besonders fein, wirst du dich verwundern wie sich die Zeit geändert hat, und auch die Leut:

> Ein schöne Insel liegt nit fern
> im Bodensee dem alt teutschen Meer,
> die manchem ist ganz wohl bekannt
> von uns die Reich-Au genannt.
> Pirmin der erste Abt
> die Insel gar schon pflanzet hat,
> ein Kloster allda aufgericht
> vor Jahren, seines gleichen nicht.
> Vor Zeiten sehr zum Reichtum geneigt,
> wie noch der Kirchenschatz aufzeigt,
> Sanct Markus Grab auch dieser Zeit,
> wie dieses Buch ein Bericht wird geben
> was dieses Kloster geführt für Leben.
> Lies du die Chronik fein besonder
> so wirst du dich höchlich verwundern
> wie sich verändert hat die Zeit
> und in derselben auch die Leit.[4]
> [Brandi II S. XXIV]

---

3 wörtlich "Augia nomen habens", - Die Vision des Wetti. Der verwendete Name augia deutet auf eine Entstehungszeit der Visio Wettini in der Blütezeit der Reichenau um das Jahr 1000, oder später.
4 angepasst an heutiges Deutsch

Das Münster in Reichenau. Stich vom Jahr 1840.

Das Münster. Rechts das Markusgrab.

Ja, die Zeiten haben sich geändert. Nach kurzer Blütezeit auf höchstem Niveau kam danach, beginnend etwa mit dem Jahr 1100, ein unfassbarer und beispiellos schneller Niedergang des Klosters, der bislang nicht verstanden wurde. Die Historiker sehen Brände um 1250 als Ursache, aber mit der Abtei ging es ja schon 150 Jahre vorher steil bergab, und der Klosterchronist Gallus Öheim im frühen 16. Jahrhundert schreibt vage von der Uneinigkeit der Päpste, Kaiser und Fürsten, was den Niedergang des Klosters verursacht habe:

> Viele Leute wundern sich, wenn sie von der unglaublichen Macht des Klosters hören, wie es zu solcher Blödigkeit des Niedergangs kommen konnte. Nicht minder werden deshalb teilweise die Äbte beschuldigt, dass sie so unbesorgt und liederlich gehaust haben. Daran möchte etwas Wahres sein, ich wüßte noch Etliche zu nennen unter deren Regiment das Gotteshaus ab und nicht zugenommen hat. Gott kennt ihre Namen. Die Wahrheit ist, dass dem Gotteshaus den größten Verfall gebracht hat die Uneinigkeit der Päpste und Kaiser, auch der Fürsten Misshelligkeit, da so Mancher das Kaisertum mit Gewalt, Krieg, Raub und Brand erobern wollte.[5] [Brandi II S.23]

Also nicht einmal Gallus Öheim, der Klosterchronist, kann irgendetwas Konkretes zur Ursache des Niedergangs sagen.

Brände hat es auch in anderen Klöstern oftmals gegeben, und die Uneinigkeit der weltlichen Herren betraf auch andere Monasterien. Kein anderes Kloster hat jedoch einen solchen Absturz erlebt wie die Reichenau.

Wir lesen in alten Schriftquellen Dinge, die uns in Erstaunen

---

5 angepasst an heutiges Deutsch

14

versetzen:

dass der Reichenauer Archivar Odalrich um das Jahr 1150 eigenmächtig die eigenen wertvollen Königsurkunden vernichtete, oder den Text abschabte und die Königsurkunden stattdessen mit billigen Fälschungen beschriftete.

dass die Stiftungsurkunde des Klosters vom Jahr 724 eine Fälschung ist.

dass außer ganz wenigen Stücken keine Literatur auf der Reichenau entstand, oder diese irgendwann vielleicht vernichtet wurde. Ein Buch über Gartenbau, eine Vision eines Mönches und eine Weltchronik aus dem 11. Jahrhundert, die aber weitestgehend aus anderen Quellen abgeschrieben wurde, das ist fast alles. Es existieren also nur ganz wenige Schriften aus der Zeit als es der Reichenau noch gut ging. Danach kam nichts mehr von Bedeutung, mit Ausnahme der Klosterchronik des Gallus Öheim aus der Zeit nach 1500, in der aber Vieles nach reiner Phantasie klingt.

dass die Mönche lange Zeit fast ausnahmslos hochadelige Herren waren, die nie gelernt hatten sich unterzuordnen, und die nichts anderes im Sinn hatten als sich im Kloster durchzufressen und Vergnügungen nachzugehen.

dass die Mönche im Jahr 1135 sogar ihren eigenen Abt Ludwig von Pfullendorf im Messgewand beim Hochamt in der Kirche in Tuttlingen totschlugen, ohne dafür bestraft zu werden.

dass sich die Mönche im Jahr 1258 offen dem Abt Burkhard widersetzten, als dieser von ihnen verlangte ihre adeligen Gewänder abzulegen und stattdessen die benediktinische Ordenstracht anzulegen. Zwei Mönche beschlossen daraufhin, ihren Abt beim Nachtessen totzuschlagen. Jedoch konnte der

Abt entrinnen, worauf die beiden verbrecherischen Mönche bewaffnete Anhänger sammelten, die Insel plünderten und alle verjagten, die treu zum Abt hielten.

dass die Abtei Reichenau sich viele Jahre lang im Krieg mit dem Bruderkloster St. Gallen befand. Beide Seiten heuerten, wegen der Ehrkränkung eines zerbrochenen Abtstabes, Söldner an und verwüsteten gegenseitig ihre Ländereien.

dass Abt Diethelm es nicht mehr mit seinen eigenen Mönchen aushielt, er Angst vor ihnen hatte und sich ganz in seinen Turm in Steckborn zurückzog.

dass Abt Werner nicht mehr mit seinen eigenen Konventualen zusammen essen wollte und stattdessen jeden Tag mit seinem Rösslein nach Niederzell fuhr und sich dort verköstigen ließ. Man sagt, dass das Kloster so arm war, dass es den eigenen Abt nicht mehr ernähren konnte.

dass im Kloster im frühen 15. und im frühen 16. Jahrhundert nur noch 2 Mönche wohnten.

dass der Abt der Reichenau Brandis im Jahr 1356 wohl den Bischof von Konstanz ermorden ließ. Jedenfalls flüchteten die Mörder sogleich auf die Insel, und der wohl auftraggebende Abt ließ sie köstlich bewirten und mit Geld belohnen.

dass etliche Reichenauer Mönche einmal im Winter im Jahr 1368 nach Zürich zu ritterlichen Turnierspielen gingen, dabei unterwegs auf Konstanzer Bürger trafen und sich Bürger und Mönche auf der Straße sogleich gegenseitig totschlugen.

dass der Kellermeister und spätere Abt Mangold im Jahr 1366 einem Konstanzer Fischer die Augen ausstach weil er in Reichenauer Gewässern Fische fing.

dass der Reichenauer Abt ein Konstanzer Schiff abpasste und 9 Konstanzer Knechte totstechen ließ.

dass daraufhin die Konstanzer Bürger im Jahr 1382 die Reichenauer Burg Schopflen und verschiedene Höfe auf der Reichenau zerstörten und neun gefangenen Reichenauer Knechten den Kopf abschlugen. - Die Ruine Schopflen ist heute noch an der Pappelallee zu sehen.

dass das Kloster im 14. Jahrhundert alles verkaufen musste was nicht niet- und nagelfest war.

dass ein Abt Eberhard sämtliche Lehensurkunden verbrannte.

dass ein Abt Werner aus Geldmangel die Gebeine des hl. Markus nach Venedig verkaufen wollte, aber von den Klosterknechten gewaltsam daran gehindert wurde.

dass der letzte Abt Markus schließlich sein eigenes Kloster Reichenau verraten und verkauft hat, und er sich mit seinem üppigen Judaslohn sogleich nach Radolfzell absetzte.

dass die letzten Mönche des Klosters im Jahr 1757 rebellisch waren und unter Androhung von Waffengewalt mit 40 Soldaten aus dem Kloster vertrieben werden mussten.

Die Chronisten vergangener Jahrhunderte berichteten, was ihnen interessant erschien. Von stillen Tagen und Jahren voller geistlicher Einkehr und Kontemplation, feierlichen Prozessionen, Kirchenfesten und Anbetungen erzählen sie uns nichts, weil Solches ihnen nicht erwähnenswert erschien.
Man muss schon annehmen, um nicht einem Zerrbild zu unterliegen, dass es auch solche friedlichen Jahre gegeben haben muss. Jedoch auch Konrad Gröber als Kenner der

Reichenau, der nicht im Verdacht steht die Kirche schlechtreden zu wollen, kommt zur Erkenntnis:

Nach dem 11. Jahrhundert bis ins 14. hinein glomm kaum noch die Glut unter der hochgetürmten Asche. Und wenn es, wie es unter dem Abt Diethelm von Krenkingen (1180-1206) schien, als ob ein schüchternes Knistern und wiederholtes Aufflackern doch noch einen Rest geistigen Lebens verriete, so kam nur zu bald darauf das totenstille Dunkel, ja der hoffnungslose Ruin. In der Mitte des 13. Jahrhunderts besaß die Abtei infolge von Fehden, Prozessen, sinnloser Verschwendung, schlechter Verwaltung und andauernder adeliger Inzucht nicht einmal mehr die Kraft einen Abt zu bestellen. [Gröber 1938 S.12]

Die mittelalterliche Geschichte der Au ist, um ein Bild zu gebrauchen, ein sonnig glänzender alles verheißender Morgen, ein trüber, ja hässlicher Mittag und ein leidlich schöner, kurzer Abend. [Gröber 1922 S.5]

Schaut man die Geschichte der Reichenau aus höherer Warte an so fällt auf, dass es dem Kloster umso schlechter ging je mehr es seinen Markuskult zelebrierte. Und es fällt ebenfalls auf, dass der Abstieg der Reichenau mit dem Aufstieg einer großen europäischen Macht zeitlich einherging: Venedig.
Was hat die Reichenau mit Venedig zu tun?
Beide hatten ursprünglich nur genau einen Berührungspunkt: beide behaupteten nämlich, sie seien im Besitz der Gebeine des Evangelisten Markus.

Die Reichenau hatte danach aber etliche weitere Verbindungen zu Venedig, die auf den ersten Blick kaum auffallen. Um die wahre Geschichte der Reichenau und ihren Niedergang erkennen und begreifen zu können, ist es deswegen notwendig, sich eingehend mit Venedig zu beschäftigen.

Beide, Venedig als auch die Reichenau, erfanden vielfältige Wundergeschichten in Zusammenhang mit ihrem jeweiligen Kirchenheiligen Markus, die man in Gänze als das erkennen muss was sie sind: Erdichtungen und Erfindungen ohne Historie. Sobald das klar ist, und sobald auch die Motive dieser Erdichtungen klar sind, eröffnet sich eine ganz neue Frühgeschichte der Reichenau, wie sie bisher noch nicht erzählt wurde.

Alles Folgende was hier geschrieben ist steht unter dem Gedanken: Erfundene Geschichten enthalten keine Geschichte, keine Historie.

Aus diesem Blickwinkel ergeben dann auch die Reichenauer Urkundenfälschungen einen Sinn, der bislang nicht gesehen wurde.

Es ist vielleicht nicht gut, sich zu sehr mit der Vergangenheit zu beschäftigen, denn diese kann den Blick in die Gegenwart verstellen. Aber wenn die Vergangenheit geleugnet wird, kann die Zukunft zerstört werden. Der Keim unseres Schicksals findet seine Nahrung in der Vergangenheit.

Was bleibt also?

> Von der alten Herrlichkeit bleiben nur noch – und es ist doch unsagbar viel – die drei großen Kirchen und die herrliche Natur, der schimmernde See, die duftigen Fernen, der perlende Wein und die dankbare Erinnerung. Alles andere [...] ist nicht mehr. [Gröber 1922 S.11]

Nur Kirchen, Natur und Erinnerung. - Literarische, geschichtliche, musikalische oder wissenschaftliche Werke erwähnt Gröber dabei nicht. Nicht einmal die berühmte Buchmalerei erwähnt er. Dabei hat uns der Abt und Gesanglehrer Bern im 11. Jahrhundert wohl auch eine Theorie zu Musik und Gesang hinterlassen. Und auch das Lied Salve

Regina wird oft Hermann dem Lahmen zugeschrieben. Aber es ist fraglich, ob es wirklich von ihm stammt. Auch ist es nicht hundertprozentig erwiesen, ob die Buchmalereien wirklich auf der Reichenau entstanden sind, oder nicht vielleicht doch in Trier oder Echternach.

Außer den Buchmalereien und den drei Kirchen ist uns also nur sehr wenig materiell Bedeutendes vom ehemaligen Kloster geblieben.

Ein deutscher Kaiser sei im Reichenauer Münster begraben. Wenn man genauer fragt, dann hört man, dass das Grab verschollen sei. Dem Kaiser Karl dem Dicken (+888), großer Wohltäter der Reichenau, lässt man seine Grabstätte einfach verkommen, verschwinden und in Vergessenheit geraten?

Ebenso geschah es mit dem Grab des großzügigen Stifters Herzog Gero (+799), angeblicher Schwager Karls des Großen. Auch dessen Grab ist verschwunden.

Wie so vieles in der Reichenauer Geschichte sind auch dieser Kaiser und dieser Herzog eine Erfindung. Sie und ihr Grab gab es nur auf dem Papier.

Die Reichenau konnte viel weniger aus der Vergangenheit retten als andere Klöster. Das Schicksal hat es mit der Reichenau nicht gut gemeint.

Die Frühgeschichte

Die vielleicht früheste Erwähnung der Reichenau stammt aus römischer Zeit[6], als die Römer das Bodenseegebiet eroberten. Ein damaliger Geschichtsschreiber berichtet von einer Insel im Bodensee, die der Armee als Rückzugsort diene, wobei unklar ist ob die Reichenau, die Insel Lindau oder vielleicht auch die Mainau gemeint war. Für diesen militärischen Zweck scheint jedoch die Reichenau am besten geeignet gewesen zu sein. Die Nähe zum befriedeten Gebiet südlich des Rheines und

---

6 bei Strabon 16 v.Chr.

auch die Nähe zum strategischen Flussübergang bei Konstanz lassen die Reichenau wie ein vorgeschobenes, zeitlich kurzfristiges Militärlager erscheinen. Man ist auch geneigt, den Turm von St. Georg als Nachfolgebau eines römischen Wachturms zu halten, der strategisch günstig an der dem Festland nächstgelegenen Stelle steht.

Jedenfalls sind ganz offenbar dieser heute stehende Turm und auch der Kirchenbau von St. Georg schon rein optisch und vom Baustil her älter als die beiden anderen Kirchen der Reichenau. Turm und Kirche von St. Georg müssen aus einer Zeit stammen als die Erbauer noch etwas unerfahren waren im Bauen mit Stein.

Die byzantinisch erscheinende Westapsis lässt einen an die großen Förderer der Reichenau denken, die ottonischen Kaiser mit ihrer dynastischen Verbindung zu Byzanz.

Viel später, in der Gotik, als die deutschen Baumeister schon jahrhundertelange Erfahrung mit dem Bau von Steingebäuden gesammelt hatten, wurde viel lichter und mit großen Fenstern gebaut, viel höher und filigraner, mit perfekten leichten Bögen und einem stützenden steinernen Außenskelett. All das sehen wir in der Zeit der Romanik und insbesonders hier bei St. Georg noch nicht. Der Erstbau von St. Georg dürfte somit zeitlich wohl zu Beginn der Romanik stehen (also gegen Ende des 10. Jahrhunderts) und dessen heutige Bausubstanz ist die älteste der drei Inselkirchen.

Hingegen deutet der Baustil des heutigen Münsters in Mittelzell auf eine spätere Erbauung im hohen Mittelalter:

> Friedrich Adler, der zuerst (1869) die Kirche einer ernsthaften kunstgeschichtlichen Untersuchung unterzog, bezeichnet die Seitenschiffmauern und die Säule am Westeingang des südlichen Seitenschiffs als die ältesten Teile des Baues und verlegt sie in die Zeit Wittigowos (986-997). Den Westchor samt dem Querschiff und den äußeren Vorhallen hält er für einen Rest der nach

21

Hermann dem Lahmen unter Abt Berno 1048 geweihten Markuskirche. Die Pfeilerarkaden des Mittelschiffs aber gehören nach seiner Meinung einem 1172 unter Diethelm von Krenkingen (1169-1206) begonnenen (nur durch Bruschius bezeugten) Neubau, wofür die Ornamentik der Kapitäle (Zickzackstab) spreche. [Gröber 1922 S.22]

Die heutige Bausubstanz des Münsters dürfte somit größtenteils aus der Mitte des 11. Jahrhunderts stammen, errichtet vom Abt Berno, oder Teile davon errichtet vom bauwütigen Abt Wittigo kurz vor dem Jahr 1000, denn der romanische Baustil lässt eine frühere Datierung nicht zu, während ein späterer Bau im 12. Jahrhundert wegen der geistigen und finanziellen Not eigentlich ausgeschlossen werden kann. [Gröber 1922 S.71]

Trotzdem scheinen zumindest die erwähnten Pfeilerarkaden, dem Stile nach, erst am Ende der Romanik entstanden zu sein, also eben wohl doch in der Zeit des Diethelm von Krenkingen um 1180, als das Kloster schon längst im Verfall begriffen war.

Die Kirche in Niederzell ist die jüngste der drei Reichenauer Kirchen und deren heutige Bausubstanz stammt aus den Jahren nach 1080:

> Nach zwei Bränden wurde der Gründungsbau von Niederzell um 1080 abgebrochen, und auf den alten Fundamenten wurde unter Beibehaltung der ursprünglichen Maße die heutige querhauslose Säulenbasilika erstellt[7]

Wegen einem Brand ist also der erst etwa 100 Jahre alte Gründungsbau abgebrochen worden. Es scheint früher viele

---

7 Wikipedia St. Peter und Paul (Reichenau-Niederzell)

Brände gegeben haben, denen seltsamerweise auch steinerne Kirchen zum Opfer fielen.

Die hauptsächlichen heutigen Bausubstanzen der drei Kirchen stammen also frühestens aus den Jahren grob um 970 für Oberzell; teils um 990 (Abt Wittigo), teils kurz vor 1048 (Abt Bern) für Mittelzell, und nach 1080 für Niederzell. Die erste steinerne Kirche in Mittelzell dürfte um 940 gebaut worden sein.

Der Name der Insel im frühen Mittelalter war "Au", das bedeutet Wiese oder fruchtbare Niederung. Mit Sicherheit war die Insel schon seit dem Ende der Antike dauerhaft bewohnt, denn das milde Klima begünstigte das dortige Leben und die Landwirtschaft sehr. Bis heute hat man auf der Insel jedoch keine Siedlungsreste aus frühmittelalterlicher Zeit gefunden. Das will aber nichts heißen. *"Angesichts der klimatisch begünstigten Lage der Insel ist diese Tatsache [der Nichtbesiedelung] erklärungsbedürftig"*, schreibt Michael Richter hierzu. [Richter S.4]

Es gibt eine ganze Anzahl später geschriebener, erfundener und erdichteter Geschichten und Urkunden über die Frühzeit der Reichenau. Beim Studium der Reichenauer Geschichte eröffnet sich ein ganzer Reigen von Fälschungen und Legenden, wo es einem schwerfallen kann, den Wald vor lauter Bäumen noch zu sehen. Oftmals ist es nicht einfach, die Fiktion der erdichteten Ereignisse, Personen und Jahreszahlen von der Wirklichkeit zu unterscheiden.
Weist man diesen Geschichten keinerlei historischen Wert zu, dann beginnt die Geschichte des Klosters im frühen 10. Jahrhundert. Denkbar und sinngebend wäre die Gründung des Klosters in Zusammenhang mit dem nahen Bischofssitz Konstanz, oder von dort veranlasst, aber darüber gibt es keine Aufzeichnungen.
Etwa für das Jahr 920, oder etwas früher, müssen wir deshalb

den ersten Bau und somit die Gründung des Klosters annehmen.

Das Kloster gab sich den Namen: Sintleozes-Au, das bedeutet die sündlose Au oder die Sündlos-Au. Aufgrund verschiedener Schreibweisen dieses Namens wäre vielleicht auch die folgende Bedeutung denkbar: Sünd-Lass-Au; lassen im Sinne von weg-lassen, ab-lassen, fallen-lassen, oder Sünden er-lassen (gegen Geld).

Schon der religiös deutbare Sinn dieses Klosternamens macht klar, dass es keine Person Sintlas gegeben haben kann, von der spätere Legenden berichten.

Einige Jahrzehnte später, als das Kloster schon vor dem Jahr 1000 sehr reich geworden war, war es ihm ganz offensichtlich peinlich einen Namen zu tragen, der mit Sünde in Zusammenhang gebracht wurde, und das vermutlich darum, weil sich dessen Bewohner alles andere als sündlos verhielten. Schon vor dem Jahr 1000 änderte das Kloster deswegen seinen Namen in Au oder Aue, lateinisiert Augia. Die lateinischen Quellen schreiben von Augia regalis = königliche Au, Augia maioris = Groß-Au und Augia dives = reiche Au; von letzterem hat dann auch der Volksmund die Insel und das Kloster benannt: Reichenau, die reiche Au.

Aber auch nach dem Jahr 1000 liest man in den Urkunden noch die Bezeichnung Sintleozesau. Das liegt daran, dass diese in der Regel gefälschten Urkunden sich vordatierten in eine vermeintliche Frühzeit der Reichenau, in der der Name Sintleozesau noch gebräuchlich war. Hätten die Fälscher, z.B. im 12. Jahrhundert in ihren Urkunden den neuen Namen Augia dives verwendet, so wäre die Fälschung wegen der Verwendung des zu neuzeitlichen Namens einem Wissenden natürlich sofort offenbar geworden, die Fälschung leicht aufgedeckt worden.

Dabei muss man alle Urkunden immer einzeln bewerten: wann wurden sie tatsächlich geschrieben, und auf welche frühere Zeit sind sie datiert bzw. sollen sie hindeuten.

Historiker sehen die Anfänge des Klosters im Jahr 724 und berufen sich auf die Vita Pirmini, die Lebensgeschichte des ersten Abtes. Aber schon Karl Brandi sah klar:

> Es liegt auf der Hand, dass alle diese verschiedenen Fassungen der Vita Pirmini nach Ort und Zeit ihrer Entstehung für die Reichenauer Geschichte absolut wertlos sind. [Brandi I S.103]

> Das Urkundenarchiv der Reichenau enthält aus der Zeit vor 1200 sehr viele Fälschungen. [Brandi I S.V]

Erst eine umfangreiche Prüfung dieser gefälschten Urkunden würde die Historiker in die Lage bringen, die Geschichte der Reichenau aufzuhellen. Und dann Brandis bemerkenswerte Aussage:

> Ohne diese Arbeit ist von der Gründung der Reichenau bis etwa 1200 kein fester Boden zu gewinnen, eine Geschichte der Reichenau in dieser Zeit unmöglich. [Brandi I S.V]

Michael Richter hingegen zweifelt nicht am angeblichen Gründungsdatum 724, sieht die Forschung sich aber auf dünnem Eis bewegen, - was wie ein Widerspruch erscheint:

> Mangels einer echten Gründungsurkunde beruft man sich für das Jahr 724 als Beginn des Klosters auf das ein Jahrhundert später verfasste Gedicht der Visio Wettini von Walafried Strabo; ich habe keinen triftigen Grund, an diesem Datum für die Gründung zu zweifeln, möchte nur darauf verweisen, auf welch dünnem Eis wir uns bewegen, sofern es um die Anfänge des Inselklosters Reichenau geht. [Richter S.3]

Gibt man erdichteten Geschichten historische Bedeutung, so wird der Blick für das wirkliche Geschehen vernebelt. Auch Michael Richter gesteht zu, dass das Wissen um die Anfangszeit der Reichenau äußerst verworren ist:

> Die Forschung ist in einer Sackgasse gelandet; die Rätsel um die Anfänge des Klosters scheinen unlösbarer denn je. [Richter S.3]

Richter geht von einer Gründung im Jahr 724 aus. Verweist man diese frühe Gründung jedoch ins Reich der Märchen und datiert sie stattdessen auf den Anfang des 10. Jahrhunderts, so wird alles klar.

Die Wundergeschichten von Sankt Markus

Als das Kloster im frühen 10. Jahrhundert gegründet wurde stattete der Konstanzer Stifter es mit der Reliquie und den Gebeinen eines Heiligen mit Namen Valens aus. Schon wenige Jahre später beschloss der damalige Abt, dass die Abtei eines größeren Heiligen angemessen sei, und er entschied sich, aus welchen Gründen auch immer, für den Evangelisten Markus.
Sogleich wurde eine Wundergeschichte erdichtet, sie trägt den Namen Miracula Sancti Marci, also Wundergeschichte des Heiligen Markus. Man erkennt noch die offenkundige Verbindung der Reichenau zum Konstanzer Bischof wenn dieser Bischof Noting etwa im Jahr 930 erklärt, dass von nun an auf der Reichenau der Evangelist Markus verehrt werden soll. Es ist gut möglich, dass die Wundergeschichte ein Machwerk vom Bischof selbst war. Jedenfalls hat der Bischof die Reichenau durch diesen Akt aufgewertet, was klar aufzeigt dass Konstanz und Reichenau damals noch keine Gegner waren, wie es später der Fall sein wird.
Gleichzeitig wurden zwei weitere Reliquien erfunden, nämlich

die Heilig Blut Reliquie und der Krug von der Hochzeit zu Kanaa, die sich auch heute noch beide auf der Reichenau befinden. Hierzu schrieb man die Texte "De pretioseo sanguine domini nostri" zur Heilig Blut Reliquie und die "Vita Symeonis Achivi" zum Kana-Krug. Nichts ist leichter zu fälschen und zu erfinden als ein Text. Mit einer Schrift, einem Pergament muss damals, in der Frühzeit des Schrifttums im alemannischen Raum, eine unglaublich hohe, geradezu magische Wahrheitskraft verbunden worden sein. Und das ist ja heute noch so.

Die Verehrung von Reliquien geht immer einher mit der Glaubhaftmachung ihrer Echtheit. Nun standen die Märchenschreiber, also vielleicht der Bischof von Konstanz, vor dem Problem wie man den Gläubigen glaubhaft machen kann, dass im vorhandenen Reichenauer Reliquienschrein die Gebeine des Markus liegen und nicht die Gebeine des Valens, wie es mehr als 10 Jahre lang verkündet worden ist.
Und sie lösten das Problem elegant: zunächst beschrieben sie in der Miracula ausführlich den angeblichen Kauf der Markusgebeine von einem hochstehenden Venezianer der, warum auch immer, diese Gebeine an den Bischof von Verona namens Ratold verkauft haben soll. Dieser Ratold, eine Figur die nie existiert hat, soll die Reliquie dann nach Reichenau gebracht haben. Die Echtheit der Reliquie habe der namenlose Venezianer durch diverse Wunder bezeugen können, durch Schwur, Feuerprobe und den sogenannten Kesselfang, also das Eintauchen seiner Hand in einen Kessel voll siedendem Wasser, ohne dass dieses ihn verletzt habe.
Geschichten in denen von Wundern die Rede ist sind allgemein gesprochen immer unwahr, und es hat immer einen Grund, der herauszufinden ist, warum der Autor lügt. Wenn ein Autor Wundergeschichten in seine Erzählung einbaut, welche Glaubwürdigkeit hat dann der Rest seiner Erzählung?
Und der unbekannte Venezianer habe, laut der Miracula, den

Reliquienkäufer Ratold versprechen lassen, die Identität des Heiligen Markus nicht preiszugeben, sondern als Heiligen Valens auszugeben.

Das alles sei, gemäß der Miracula, im Jahr 830 geschehen, also recht genau 100 Jahre bevor Bischof Noting den Evangelisten Markus als den neuen Klosterheiligen proklamierte.

So lag also der Heilige Markus angeblich hundert Jahre lang unerkannt unter dem Namen Valens auf der Reichenau. Um die Sache etwas glaubwürdiger zu machen wurde auch die Vision eines Konstanzer Bischofs erfunden, zu dem etwa im Jahr 875 der Heilige Markus höchstpersönlich in einem Traumgesicht gesagt habe, er solle sich um die Gebeine besser kümmern, denn im Reliquienschrein läge nicht Valens sondern er selbst, also Markus.

Das ist eine praktische Art dem gläubigen Volk zu erklären, warum die wirkliche Identität der Gebeine jahrzehntelang in Vergessenheit geraten konnte, und wie die richtige Identität dann doch wieder dem Kloster bewusst wurde. Und wieder sehen wir einen Konstanzer Bischof eine Rolle spielen. Man muss davon ausgehen dass die Sache mit dem heiligen Markus von Reichenau und Konstanz gemeinsam erfunden wurde.

So kam die Reichenau zu ihrem Klosterheiligen Markus, was als einer von zwei Geburtsfehlern des Klosters bezeichnet werden muss. Denn auch die spätere Großmacht Venedig beanspruchte für sich, einen vollständigen Leib, wohl eine Mumie des Markus zu besitzen.

Aus verständlichen Gründen hat indessen die Reichenauer Markusgeschichte in Venedig von alters her wenig Aufmerksamkeit gefunden: Vielmehr wurde sie seitens der Venezianer - wie übrigens auch von den deutschen Monumentisten im 19. Jahrhundert - als übles Machwerk oder bestenfalls als freie Erfindung betrachtet.

Ganz sicher hat Venedig die Reichenauer Markusgeschichte als erfundenes Machwerk angesehen. Aber große Aufmerksamkeit dürfte die Geschichte in Venedig trotzdem gefunden haben, denn in der Miracula S. Marci wird ja behauptet, die Reliquie sei ausgerechnet aus Venedig an den Bodensee gekommen, also gestohlen und verscherbelt worden. Und zu Venedigs großem Ärgernis waren die sterblichen Überreste des Evangelisten nunmal in diesem Kloster nördlich der Alpen, zumindest wurde das so behauptet. Venedig war sich natürlich bewusst, dass ihre eigene Markusgeschichte ebenfalls ein Machwerk war, es hatte die Geschichte ja selbst erfunden.

Markus führte schon früh scheinbar nur ein Nischendasein im Kloster Reichenau:

> Auffallend ist, dass von der zweiten Hälfte des 11. bis zum Ende des 13. Jahrhunderts so gut wie keine Nachrichten zum Leib des Hl. Markus auf der Augia oder externe Zeugnisse zu seiner Verehrung dort auszumachen sind. [Bock]

Auch später war das noch so, wenn Sebastian Bock weiter ausführt: ... *dass der Evangelist in jener Zeit [um 1500] nicht gerade zu den populärsten Heiligen der Augia gezählt haben mag. So betrifft die einzige ausführliche Schilderung eines Reliquienkultes in der Chronik Öheims nicht etwa den hochbedeutenden Klosterpatron, sondern den Abteigründer Pirmin. Über dessen Verehrung berichtet der Mönch eingehend und mit einiger Sympathie.*

Dr. Sebastian Bock ist übrigens der Ansicht, dass die Miracula "nicht in fälscherischer Absicht in die Welt gesetzt worden ist". Aber welchen Zweck sollte die Niederscheibung dieser

Wundergeschichte sonst gehabt haben? Nichts geschieht ohne Absicht. Und die Absicht war hier die Glaubhaftmachung der Echtheit der Markusreliquie. Wenn das keine fälscherische Absicht ist!

Venedig stand um das Jahr 920 noch unter byzantinischer Herrschaft. Danach wurde es selbstständig und erlangte durch seinen Handel mit dem Orient, seinen Finanzgeschäften und dem Sklavenhandel einen märchenhaften Reichtum. Nach dem Jahr 1000 darf man Venedig mit Fug und Recht als europäische Großmacht bezeichnen. Zwar blieb die Landgröße Venedigs immer sehr gering, aber dieser Nachteil wurde wettgemacht zum einen durch seine riesige Handels- und Kriegsflotte, die ab dem Jahr 1104 in der Schiffswerft Arsenal in Fließbandarbeit gebaut wurde, zum anderen durch seine überlegene Diplomatie und durch seine unerschöpflichen finanziellen Mittel die es Venedig erlaubten, Söldner wenn nötig in sehr großer Anzahl anzuwerben und für Venedig kämpfen zu lassen. Auch durch die Möglichkeit Kredite in fast beliebiger Höhe zu vergeben gelang es Venedig in der Folgezeit, großen Einfluss in Europa zu erlangen. Aber auch große Feindschaft, wie wir noch sehen werden.

Hier in Venedig inkarnierten ab dem 11. Jahrhundert Menschen deren Selbstverständnis von absoluter Macht geprägt war. Auf ihrer Suche nach einem Symbol für ihren universalen Machtanspruch schauten sie nach Osten. Und sie fanden ein solches Symbol im babylonischen Tierkreiszeichen: es war der Löwe.
Das Tierkreiszeichen Löwe steht heute noch in der Astrologie stellvertretend für König, Macht und Herrschaft. Schon die babylonischen Herrscher wussten um die Bedeutung des Löwen für ihre weltliche Macht. Im Pergamonmuseum in Berlin und im British Museum in London kann man den babylonischen Löwen heute noch bewundern. Auch die griechische Sphinx,

das Symbol für Undurchsichtigkeit und Rätselhaftigkeit, ist als geflügelter Löwe dargestellt.

Der Stadtheilige Venedigs war lange Zeit der hl. Theodor. Als Venedig nach dem Jahr 1000 zur Großmacht aufgestiegen war und durch den Bau eines neuen Domes dieses Großmachtverständnis auch nach außen zeigen wollte, da entschied sich die Serenissima, die Durchlauchtigste Republik Venedig, für einen Wechsel ihres Patrons. Das Symbol für den Evangelisten Markus war seit der biblischen Offenbarung der Löwe, und diese Verbindung wurde schon früh auch aus dem Alten Testament, dem Buch Ezechiel, abgeleitet.

Somit war der Löwe das Bindeglied zwischen dem Evangelisten Markus und dem absoluten Machtanspruch, den Venedig verkörpern wollte. Venedig entschied sich aus diesem Grund, Markus als neuen Republikheiligen anzunehmen.

Zwischen den Jahren 1063 und 1094 wurde der Markusdom in Venedig gebaut, und zeitgleich[8] erdichtete man in Venedig die sogenannte Translatio, also die Geschichte wie die Mumie des Markus von Alexandria nach Venedig übergeführt worden sein soll.

Man ließ die Translatio im Jahr 829 spielen, also auffälligerweise ein Jahr vor der Reichenauer Miracula. Alexandria stand unter muslimischer Herrschaft und in der dortigen Kirche lag der Hl. Markus mit wundersam unverwestem vollständigem Leib. Zwei Venezianer seien nach Alexandria gefahren, hätten dort die beiden Kirchenverwalter überzeugt, dass Markus wegen der Unsicherheit durch die Muslime in Venedig besser aufgehoben wäre, und hätten diesen dann auf ihr Schiff geladen, wobei wiederum verschiedene Wunder geschehen seien. Zum einen verströmte die Mumie in Alexandria einen unerklärlichen Wohlgeruch, zum

---

8 Nelson McCleary: Note storiche ed archéologiche sul testo della Translatio Sancti Marci 1933; er nennt den Zeitraum 1050 bis 1094 für die Entstehung der Translatio

anderen rettete Markus das Schiff während der Überfahrt vor dem Untergehen in einem Sturm.

Alfons Zettler führt eine leider nicht näher erläuterte anonyme Quelle aus Fleury aus dem 10. Jahrhundert an, als Hinweis dass der venetische Translationsbericht bereits "im 9. und 10. Jahrhundert" Verbreitung fand. [Dennig/Zettler S.32] Dieser Text gebe laut Zettler zu erkennen dass die Translatio "nicht später als in der Mitte des 9. Jahrhunderts" von einem gut informierten Beobachter aus Venedig aufgezeichnet worden sei.

Erfundene Geschichten haben aber meist keine Historie. Nicht ein gut informierter Beobachter hat uns diese Translationsgeschichte überliefert, sondern ein guter Geschichtenschreiber und Fälscher.

Mit dem Jahr 1094 wurde der Evangelist Markus der Stadtpatron Venedigs.

Die heutigen Historiker glauben zwar nicht an die Wunder, die in der venezianischen Translatio und der Reichenauer Miracula geschehen sein sollen. Aber sie gestehen beiden Geschichten meist einen wahren Kern zu.

Sebastian Bock als einer von wenigen sieht die Geschichtlichkeit der Miracula sehr kritisch:

> Es können die Miracula S. Marci keinesfalls als seriöse, auch nur ansatzweise abzusichernde Quelle für die Herkunft der Markusreliquien aus Venedig, die Biographie Ratolds von Verona, die Gründung von Radolfzell, die Erforschung der älteren Geschichte Venedigs oder der Bau einer dem Kult des Hl. Markus gewidmeten Basilika auf der Reichenau im späten 9. Jahrhundert herangezogen werden. [...] Als historisch einzig zutreffender Sachverhalt bezuglich der Markusreliquien auf der Reichenau ist in den Miracula S. Marci demnach

wohl nur die Approbation des Markuskultes durch Bischof Noting in der Zeit um 930 einzustufen. [Bock]

Viele Historiker halten jedoch für wahr, dass die Gebeine des Markus im Jahr 829 tatsächlich aus Alexandria gestohlen wurden, und diese Gebeine ein Jahr später nach Reichenau verkauft worden sein sollen.

Dabei macht es keinen Sinn, dass die kostbare Reliquie schon ein Jahr nach deren glücklichen Erwerb wieder verkauft worden sein soll. Der Klosterchronist Hermann der Lahme erkennt um das Jahr 1050 diese Lücke in der Glaubwürdigkeit, und er kommentiert die Reichenauer Miracula mit einer weiteren Erdichtung: der unbekannte Venezianer der die Reliquie dem Ratold verkauft habe, sei der Doge von Venedig höchstpersönlich selbst gewesen. - Denn wer sonst außer dem Dogen habe die Macht gehabt, den eigenen Kirchenschatz zu verkaufen.

Hermann der Lahme verleiht durch seine Behauptung der Miracula zwar mehr Glaubwürdigkeit, aber den Venezianern dürfte diese Behauptung absolut nicht gefallen haben, dass der eigene Doge sich im Jahr 830 als Verräter erwiesen habe. Hermann brachte somit die Venezianer in der Folgezeit mit Sicherheit gegen das Kloster auf und hat auch seiner eigenen Glaubwürdigkeit damit schwer geschadet: Hermann erweist sich als tendenziöser Geschichtenerfinder und nicht als seriöser Geschichtsforscher.

Der heilige Markus konnte dem Volk von Beginn an, aus irgendwelchen Gründen, nur schwer vermittelt werden:

Auffallend ist die bislang völlige Befundlosigkeit für den Zeitraum von der offiziellen Erlaubnis zur bistumsweiten kultischen Verehrung des Evangelisten und seiner Reliquien durch Bischof Noting (um 930) bis zum Einsetzen translozierter Markuspartikel mit sehr wahrscheinlich Reichenauer Provenienz in den Jahren 1021 bzw. 1052/1065 ...

Es deutet alles [...] bemerkenswerterweise nicht gerade auf eine unmittelbar einsetzende Erfolgsgeschichte hin. Belastbare Anhaltspunkte für eine rasch aufblühende Wallfahrt, den Einbezug des Heiligen in die klösterliche Liturgie, eine Öffnung des Scheines, die Translozierung von Gebeinteilen, die Ausbildung sekundärer Kulturzentren, die Erhebung des Evangelisten zum offiziellen Mitpatron der Abteikirche oder eine sonstige Strahlwirkung nach außen, liegen keine vor. [Sebastian Bock]

War es nur weil Markus ein schreibender Theologe war, ein Nichteinheimischer aus dem fernen Griechenland, abgehoben von einfachen Volk, oder spürte man auf der Reichenau sofort den Gegenwind aus Venedig?

Insgesamt gesehen scheint der Hl. Markus als individueller Heiliger durchaus schwer vermittelbar gewesen zu sein. ... Sicherlich ein weiterer Faktor mag überdies gewesen sein, dass die Mönche am Bodensee jenem umfassenden, geradezu staatspolitischen Kult, den in Venedig die Serenissima schon früh um die Gebeine des Hl. Markus in der Lagunenstadt etabliert hatte, kaum etwas entgegenzusetzen vermochten [Sebastian Bock]

Etwa im Jahr 1300, also rund 200 Jahre nach der Fertigstellung des Markusdoms, wurde in Venedig dann die sogenannte Apparitio erdichtet, eine Geschichte von dem angeblich wundersamen Wiederauffinden der Markusreliquie in einem Pfeiler des Vorgängerbaus des Markusdoms in Venedig.

Es verlangte im Jahr 1300 nach einer Erklärung, warum seit den angeblichen Geschehnissen der Translatio im Jahr 829 bis zur Einweihung des Markusdoms im Jahr 1094 niemand in

Venedig etwas von der Markusreliquie wusste und es keine Aufzeichnungen darüber gab. Für eben diesen Zweck erfand man die Apparitio, also die Geschichte von dem Wiederauffinden der Reliquie, die zwischen 829 und 1094 in einem Stützpfeiler verborgen gewesen sei.

Am 25. Juni 1094 habe sich plötzlich ein Stein vom Pfeiler gelöst und auf diese Weise sei der Corpus von Sankt Markus sichtbar geworden.

Allzu glaubwürdig klingt das natürlich nicht. Ausgerechnet kurz vor der Einweihung des Doms erscheint zufällig die Markusreliquie, passend wie auf wundersamen Knopfdruck, wo doch schon sicherlich während der langen Bauphase des Doms der zuständige Kirchenpatron festgelegt war. Aber Gläubige glauben manches.

Die Apparitio konnte man erst erfinden als alle Zeitzeugen der Weihe des Markusdoms längst verstorben waren, und das war rund 200 Jahre danach, also im Jahr 1300, der Fall. Niemand konnte somit mehr der Apparitio widersprechen, keiner konnte mehr sagen dass die Apparitio unwahr ist; es gab keine Zeitzeugen mehr.

Die Apparitio diente dazu die Translatio glaubhafter zu machen. Möglicherweise wurde die Apparitio auch als Reaktion auf die Errichtung[9] des goldenen Reichenauer Markusschreines erfunden, als danach der Markuskult auf der Reichenau wieder aufflammte.

Der neue Markusschrein schlug ganz sicher hohe Wellen bis nach Venedig hinunter, denn dieser wurde sehr wahrscheinlich von Königin Elisabeth von Österreich in Auftrag gegeben und wohl in Konstanz gefertigt, und ist eine exzellente und kunstvolle Arbeit. Venedig wollte wohl mit der Apparitio dem nach 1300 wieder aufkeimenden Reichenauer Markuskult etwas entgegensetzen.

Der Markuskult in Venedig entwickelte sich unterdessen zum Staatskult:

---

9 nicht vor 1303, siehe bei Sebastian Bock

[...] Im Verlauf der inneren Formierung und der Expansion Venedigs wuchs der hl. Markus zum unbestrittenen und strahlenden Patron des Gemeinwesens heran und wurde schließlich dessen Inbegriff. Der Löwe, ursprünglich mystisches Zeichen des Evangelisten, avancierte zum allgegenwärtigen Staatssymbol der Lagunenrepublik, so daß man die Geschichte Venedigs gleichsam an Markus messen und in seinem Symbol prägnant zusammenfassen könnte. [...] [Zettler S.541]

Die Blütezeit

Neben der alten Bausubstanz und den Oberzeller Wandmalereien in St. Georg ist die Reichenau heute vor allem durch ihre mittelalterliche Buchmalerei bekannt und berühmt.

In den Jahrzehnten vor und nach dem Jahr 1000 entstanden auf der Insel etwa 40 sogenannte Evangeliare, also prächtig und farbenfroh ausgemalte Messbücher, die im ganzen Deutschen Reich verkauft wurden, und meist Auftragsarbeit waren.

Diese Buchmalerei brachte der Abtei den Grundstock ihres späteren Reichtums. Allerdings konnte die Abtei von einem verkauften Buch pro Jahr sicherlich nicht leben.

Die schlagartig einsetzende Berühmtheit des Klosters zog dann aber wie ein Magnet eine sehr große Zahl an Adeligen an, viele wohl im vermögenden und gesetzten Alter wo der Verzicht nicht mehr so schwer fällt, und diese Adeligen mussten, als eine Art Eintrittsgeld, eine sehr hohe Summe Geld oder Grundbesitz an die Abtei abtreten. Und es ist ja heute noch so, dass ein Mönch oder eine Nonne in einem christlichen Kloster nach dem Noviziat keinen Besitz mehr haben darf, sondern alles vorherige Eigentum dem Kloster übereignen muss.

Franz Xaver Staiger spricht von 1600 Mönchen[10] die einst im

---

10 Staiger S. 114

Reichenauer Konvent gelebt haben. Eine Zahl die unglaublich hoch erscheint, denn wie sollen 1600 Menschen ernährt und gekleidet werden, wie sollen sie gemeinsam Gottesdienst feiern, womit sollen sie beschäftigt werden. Dazu kommen sicher hundert oder mehr Knechte und Mägde und viele Dutzend Bauarbeiter, wenn gerade gebaut wurde.

Man kann 1600 nicht für ihren eigenen Lebensunterhalt arbeitende Menschen nur ernähren wenn es einen andauernden externen Zufluss an Geld gibt. Stockt dieser, dann geht es schnell bergab.

Viel realistischer erscheinen hingegen die Angaben von Archivrat Aloys Schulte. Laut ihm waren unter Abt Alawich (934-958) 96 Seelen im Kloster: 1 Abt, 30 Priester, 23 Diakone, 18 Subdiakone, 23 Mönche und einer ohne Bezeichnung. Im Jahr 1267 werden in einer Urkunde alle Brüder aufgezählt, es sind jetzt nur noch 7 (!) Konventualen. Von 1200 bis 1427 gab es nur 22 Neuzugänge. Der Mangel an Klosterherren war chronisch geworden.[11]

Das was wir heute vom Konvent in Mittelzell noch sehen sind nur die Reste des Klosters, während das meiste schon im 18. Jahrhundert abgebrochen wurde. Das Kloster war also schon ab dem Jahr 1200 weitgehend leer, was Fragen aufwirft bezüglich der Größe der Gebäude, der großen Bautätigkeit im 14. Jahrhundert und deren Finanzierung. Zur Zeit des Konstanzer Konzils 1415 mit den tausenden Konzilsteilnehmern waren dann nur noch 2 Brüder vor Ort, und diese konnten nicht verhindern, so heißt es, dass ganze Schiffsladungen voller Bücher aus der Bibliothek abtransportiert wurden.

Als immer mehr vermögende Hochadelige als Mönche ins Kloster eintraten wurde die alte Holzkirche und die sicherlich auch aus Holz gebauten Konventsgebäude aus der Gründerzeit schnell zu klein.

---

11 Schulte S. 569

Abt Wittigo, der als bauwütig beschrieben wird, errichtete deswegen um das Jahr 990 aus vollem Geldtopf eine neue steinerne Mittelzeller Kirche samt Nebengebäuden wie Schlafsäle, Essensräume, Küchen, Waschräume, Vorratsräume, Ställe für das Vieh, Werkstätten, eine Schule, eine Schreibstube, Unterkünfte für das Gesinde und Gästezimmer.

Der sogenannte St. Galler Klosterplan, üblicherweise etwa auf das Jahr 825 datiert und niemals verwirklicht, stammt mit großer Sicherheit aus viel späterer Zeit. Und es ist nicht einmal gänzlich gesichert, ob er überhaupt auf der Reichenau entstand. Heribert Illig hat sich umfassend mit diesem (Pseudo-) Plan beschäftigt,[12] und kommt mit vielen plausiblen Argumenten zum Schluss: "Der [St. Galler] Pseudoplan gehört in die Zeit von 1165 plusminus 15 Jahre". [Illig 2017, S. 161]

Sofern der Plan auf der Reichenau entstand, so wurde er also interessanterweise gezeichnet in der Zeit, als die großen Reichenauer Urkundenfälschungen geschehen sind. Der Plan ist eine Gedankenfiktion und somit keine Handlungsanweisung für praktische Umsetzung.

Gegen das Jahr 825 und für eine spätere Entstehung des St. Galler Klosterplan im 12. Jahrhundert spricht u.a.:

Der Plan zeigt ein gebundenes Maßsystem, was erst viel später aufkam. Es ist die erste derartige Architekturzeichnung Jahrhunderte vor der nächsten. - Baugeschichte schreitet jedoch graduell voran, nicht in Sprüngen. Die eingezeichneten Türme sind bei anderen sakralen Bauten Europas niemals vor dem Jahr 980 zu finden. Das im Plan eingezeichnete Skriptorium mit seinen 100 Quadratmetern ist bei weitem zu groß für das Frühmittelalter, wo es kaum Bücher gab [Illig 1996, S. 246f; Illig 2017, S. 157]

Dazu ist der Plan völlig unpraktisch gestaltet. [Hoffmann 168]

Alles erscheint viel zu gedrängt. Die Stallungen für das Vieh

---

12 Illig: Des Kaisers leeres Bücherbrett, 2017

sind gleich neben der Kirche und der Haupteingang der Kirche ist nur wenige Meter entfernt vom Viehstall. Warum ist das bisher noch niemandem aufgefallen? Die Ställe, also das untere Viertel des Plans, wurden angefügt, und zwar von dem, der auf der Rückseite des Plans die Vita des hl. Martin schrieb. Der Plan wurde wohl nur deshalb rückseitig großflächig mit der Martinslegende beschrieben, damit keiner auf die Idee kommt, den angefügten Teil mit den Schweineställen wieder abzutrennen. Denn das hätte den Textfluss zerstört.

Man ist geneigt, an so etwas wie Verhöhnung zu denken, denn wer plant schon einen Schaf- und Schweinestall direkt am Eingang einer Kirche? Wer aber wollte die Reichenau verhöhnen? Auf demselben Pergament steht die Geschichte des hl. Martin geschrieben, sodass niemand in Versuchung kommen soll, den Gesamtplan wegen dessen Nutzlosigkeit einfach wegzuwerfen oder das Pergament wiederzuverwenden.

Ist der St. Galler Klosterplan also doch genial, aber auf andere Weise als man sich das gemeinhin denkt? Eine geniale Verhöhnung des Klosters Reichenau von seinem größten Gegner, der Serenissima?

Der Plan erinnert im Übrigen vielmehr an eine mittelalterliche Stadtgründung mit ihren engen Gassen. Klöster haben jedoch immer weitflächig gebaut, mit einem großen Innenhof, man sehe sich Maulbronn an oder Heiligkreuztal.

Woher kommt der unbestritten riesige Besitz der Reichenau?

Historiker und Dorfchronisten vermuten stets einen großen Herrscher, der den umfangreichen Besitz dem Kloster vermachte, also oft Karl den Großen.

Gallus Öheim ordnet um 1500 in seiner Chronik die Ortschaften den Herrschern zu, die diese Orte der Reichenau geschenkt haben sollen. Hier lesen wir von Karl dem Großen, Karl Martell, Graf Gero und anderen. Die Ortschaft Göggingen ist nicht aufgelistet, obwohl sie im Mittelalter eine eher größere Villikation gewesen sein muss.

Aus der Klage des Abtes Konrad, nachdem das Kloster im Jahr 1254 abgebrannt war, hören wir dem Sinn nach: Was die tätigen Hände verehrter Fürsten dir, Reichenau, gesammelt haben, das verzehren diese Fürsten nun. Sie, die sich deine Beschützer nannten, sie haben sich jetzt in tollem Wahn als Räuber erwiesen.

Konrad war zeitlich nah am Geschehen, und seine Klage scheint authentisch zu sein. Was er sagt ist Folgendes: der Reichtum der Klosters stammt von seinen Mönchsfürsten, und der Niedergang ist ebenfalls diesen Fürsten geschuldet, die ihre Stellvertreter als Verwalter (Villicus) in den Dörfern eingesetzt hatten. Diese Fürsten und "königlichen Diener" haben sich als Räuber erwiesen.

Bislang war völlig ungeklärt, wie es zu solchen Missverhältnissen kommen konnte. Wie konnten die Ministerialen eine solche Macht erlangen, dass sie rechtlich in der Lage waren, Klosterbesitz an sich reißen. Nun wird recht klar, dass als Ministerialen die Stellvertreter der adligen Klosterbrüder eingesetzt waren, die als Verwalter auf den Ortschaften saßen und die Güter für ihre Eigentümer, die Grafen und Fürsten, verwalteten.

Die Güter scheinen also tatsächlich noch im Eigentum der Adeligen verblieben zu sein, denn das würde die unglaublichen Freiheiten, geradezu Frechheiten der renitenten Mönche erklären sowie die offenbare Tatsache, dass die Grafen und ihre Ministerialen in der Lage waren, einzelne Gutshöfe auf den Ortschaften aus Klosterbesitz in die eigene Tasche zu verkaufen. Klosterbesitz ist nicht unbedingt Eigentum.

Man muss davon ausgehen, dass der umfangreiche Grundbesitz der Reichenau ("von Ulm bis in die Lombardei") ursprünglich von diesen hochadeligen Klosterbrüdern stammt, und sie nannten sich nicht umsonst Klosterherren.

Im Jahr 972 machte Kaiser Otto eine Stippvisite zur Reichenau und entließ den damaligen Abt wegen schlechter Haushaltsführung.

Die Reichenau muss aber auch danach regelrecht im Geld geschwommen sein, und der neue Abt Bern konnte sich ab 1008 seinen musikalischen Interessen widmen. Kurz vor seinem Tod 1048 wurde die von ihm wohl neu gebaute Markusbasilika bzw. das sogenannte Westwerk eingeweiht.

Nach 1048, als das Geschäft mit den Buchmalereien nicht mehr gut lief, sehen wir erstmals einen aufkommenden Markuskult: einige Jahrzehnte lang wurden Teile der Markusreliquie an andere Klöster und Kirchen verkauft, sogenannte Partikel. Wie groß diese Partikel oder Teile jeweils waren, das wissen wir nicht. Man hat 1940 den Markusschrein geöffnet und fand Reste von Hüftknochen, Oberarmen, Wirbel und andere kleinere Skelettteile. Entweder also war die Reliquie niemals ein vollständiger Corpus, oder große Teile davon wurden in der zweiten Hälfte des 11. Jahrhunderts als Partikel verkauft bzw. in den Wirren des 13. und 14. Jahrhunderts geraubt.

Schaut man auf andere Klöster, z.B. auf Reichenaus Bruderkloster St.Gallen, so gibt es dort eine große Anzahl an Urkunden, Lehensverträgen, Bücher, Schriften und Dokumente die uns aus dem Mittelalter überliefert sind. Die Reichenau erscheint dagegen als eine regelrechte Wüste: hier ist nur ein Gartenbuch überliefert, eine Vision eines Mönches, ein sogenanntes Verbrüderungsbuch in dem nichts als 38.000 Vornamen aufgelistet sind, angeblich die Namen aller Mönche in der Reichenau und im weiten Land. Dazu eine Weltchronik, ein paar Dutzend schlecht gefälschter Urkunden, einige Beiträge zur Theorie von liturgischen Gesängen und einige Abhandlungen zu Mathematik und Astronomie.

Gallus Öheim behauptet ja, Abt Eberhard habe um das Jahr 1350 alle alten Lehensverträge und sonstige Urkunden verbrannt. Interessanterweise hat Eberhard aber die gefälschten Urkunden vom 12. Jahrhundert eben nicht verbrannt, denn diese sind uns überliefert. Wir werden zu diesem Gedanken später zurückkommen.

Es ist wie wenn die Reichenau irgendwann im Mittelalter geplündert worden wäre, besenrein ausgefegt. Bauern und Krieger plündern aber keine Dokumente, sondern die Vorräte. Geht die Besenreinheit also weniger auf militärische als eher auf politische Macht zurück? Auch zu diesem Gedanken werden wir zurückkommen.

Der Reichenauer Mönch und Klosterlehrer Hermann der Lahme (+1054) stammt aus einem schwäbischen Adelsgeschlecht, war in verschiedener Weise behindert und konnte als Kind kaum sprechen. Trotzdem beherrschte er als späterer Lehrer auf der Reichenau die Fremdsprachen Latein, Griechisch und sogar Arabisch, wo doch Arabisch keine Sprache war die, die man aus theologischer Sicht beherrschen musste. Jedoch waren die Araber führend in einigen Dingen der Wissenschaft und der Mathematik, sie kannten schon die Zahl Null und betrieben Sternenkunde.
Hermanns Qualitäten und seine Interessen lagen klar im Bereich der Musik und im Gesang, wohl auch im Bereich der Astronomie und der Computistik, also der Jahreszahlberechnung für die Ostertermine. Ein Gesanglehrer der Probleme mit dem Sprechen hatte. Man sagt er habe diese Probleme überwunden, was möglich erscheint.

Hermann hat um 1050 die sogenannte Reichenauer Weltchronik geschrieben. Was es mit dieser auf sich hat beschreibt Prof. K. Nobbe:

> Es ist jedoch in neuerer Zeit von H. Breßlau nachgewiesen worden, dass Hermann bis zum Jahre 1043 ein älteres, damals neues Werk benutzt hat, welches Breßlau als die Schwäbische Weltchronik

bezeichnet; aus demselben schöpfte auch der dürftige und ungeschickte Auszug, welcher früher für einen Auszug aus Hermanns Chronik gehalten wurde. ... Für die ältere Zeit sind die Quellen bekannt und dieser Hauptteil der Chronik hat für uns keinen Werth. Die Übersetzung beginnt deshalb erst mit dem Jahre 901 ... Endlich vom Jahre 1040 an bis in sein Todesjahr 1054 hat er über die Begebenheiten seiner eigenen Zeit mit einer Ausführlichkeit berichtet, welche sich von der knappen Kürze des älteren Theils sehr unterscheidet. [Nobbe S. VIII / IX]

Nobbe übersetzt in seinem Buch Hermanns Weltchronik und lässt diese Übersetzung jedoch erst im Jahr 901 beginnen, da der ältere Teil der Weltchronik wertlos, da abgeschrieben sei.
Also nur die letzten 14 Jahre seines Lebens schreibt Hermann etwas ausführlicher, vergisst aber dabei einen wesentlichen Neubau zu erwähnen der vor seinen Augen auf der Reichenau entstanden ist. Was soll man davon halten? Die Weltchronik hat offenbar nicht den Wert, den man ihr meist zumisst.

Das sieht auch Arno Borst wohl so, wenn er schreibt:

Die Abtei Reichenau war seit ihrer Gründung vor dreihundert Jahren nie ein Zentrum historischer Studien gewesen. Die Reichenauer Annalen waren beim Jahr 939 steckengeblieben.[13]

Etwa zur gleichen Zeit dürfte die Visio Wettini entstanden sein, die Vision des Mönchs Wetti. Es muss der Abtei noch gut gegangen sein, sie muss sich in ihrer Blütezeit befunden haben, man erkennt das an der Textpassage: "*Aue wird sie genannt, ringsum liegen Deutschlands Gebiete, Sie aber bringt*

---

13 Arno Borst: Hermann der Lahme. Hegau - Zeitschrift für Geschichte, Heft 32/33 1975/76

hervor der Mönche vortreffliche Scharen ...".

> Rings umgeben von tiefem Wasser
> Ruhst du fest in der Liebe
> Überall verbreitest du heilige Bücher
> Glückliche Insel

Allerdings dürften sich zur Entstehungszeit der Visio Wettini schon erste moralische Verwerfungen breit gemacht haben: Wetti sieht in seiner Vision verschiedene andere Mönche, einen früheren Abt und sogar einen König von Italien[14] in der Hölle sitzen und dort schwer leiden.

Der Zweck dieser erdichteten Vision dürfte klar sein: es ist die Warnung an die Mönche vor Verfehlungen, schlechter Moral und insbesonders Habgier. Die Habgier war ja immer schon eine ganz besondere Sünde der hochadligen Klosterherren gewesen.

> Die Zucht des mönchischen Lebens wird durch vielerlei
> Laster bedroht
> Viele Geistliche, so sagt der Engel, häufen begierig
> irdischen Besitz an
> Sie suchen nach weltlichem Lohn am Hofe
> tragen feine Gewänder und sind kein Vorbild des
> frommen Lebens
> Üppige Tafeln bevorzugen sie, anstatt Seelen zu
> bekehren
> Von Dirnen verführt wälzen sie sich in ihren Lüsten

> Hab acht Mönch, dass der Herr deinen Reichtum nicht
> bestraft mit der Hölle

> In der Hölle sitzen Mönche, die sich von Sünden reinigen

---

14 Karl der Große kann damit nicht gemeint sein, denn dieser nannte sich nie König von Italien.

44

Dort ist ein Bruder und büßt eine harte Strafe
Er hat nämlich verbotenen Reichtum gesammelt
Mönch du willst reich sein, doch man lehrte dich Armut
Wenn du Jesus verkaufst erwartet dich schwere Pein

Schwer ermahnen müssen wir auch die Klöster
sie sollen die Wurzeln allen Lasters ausrotten
Viele Mönche hängen an weltlichen Dingen
und nur wenige kommen wegen Gottes Ruf[15]

Der angebliche Verfasser der Visio Wettini ist Walafried. Dieser scheint eine literarische Kunstfigur Hermann des Lahmen zu sein, gleich wie auch der angeblich erste Abt Pirmin,[16] dessen Name sich Hermann wegen der Ähnlichkeit zu seinem eigenen Namen ausgesucht haben dürfte.

Aufgrund der Angaben Walafrieds berechnet also Hermann der Lahme das Jahr 724 als Gründungsjahr des Inselkosters, und von ihm übernehmen dies die Fälscher der Gründungsurkunden; wir verdanken also die traditionellen Daten zur Frühgeschichte der Reichenau allein Walafrieds Neigung zur Zahlenallegorese. [...] Die Frage welches Jahr dann das wirkliche Gründungsjahr des Inselklosters gewesen ist, bleibt also offen und muss von der Geschichtswissenschaft mit neuen Schlüssen oder neuen Methoden erklärt werden. [Knittel 19]

Arno Borsts Lebensbeschreibung des Walafried Strabo[17] mag schön zu lesen sein, wirkt aber schwärmerisch-naiv. Man liest diese Vita natürlich mit ganz anderen Augen wenn man weiß, dass es einen Walafried Strabo nie gegeben hat, sondern er

---

15 Visio Wettini
16 Die angebl. Gebeine Pirmins befinden sich u.a. in der Meßkircher Stadtkirche
17 Arno Borst: Mönche am Bodensee

eine erfundene Kunstfigur ist. Hören wir Arno Borst zu, was er so vieles über Walafried weiß:

> In einem seiner Gedichte malte sich Walahfrid nicht das Jenseits aus, sondern die zukünftige Geschichte, als schönes Buch voller rhythmischer Verse. Daß der Dichter durch sprachliche Vorwegnahme die Erdenwelt selbst in schöne Form bannen werde, war ein atemberaubender Gedanke, keineswegs asketisch, gleichwohl mönchisch. Denn am Anfang war es der Schöpfergott, der das Buch der Welt lesbar geschrieben hatte, und am Ende sollte der Mensch im freien Hinausgreifen über banale Zwänge sich selbst edel gestalten. Noch waren die Verhältnisse nicht so. Walahfrid, der ausgezogen war, um zusammen mit vielen Freunden die Menschen zu erziehen, schaute am Ende allein dem Wachsen der Pflanzen zu, in der Hoffnung, daß irgendwann einige Blütenträume reiften und ein paar Hände die mächtigen Früchte umspannten. [Borst S. 66]

So sieht über weite Strecken Borsts Schreibstil aus: das klingt nach rührseliger Fantasie ohne Realitätsbezug.

Die ausführlich dargelegten, versteckten Zahlencodes die H. Knittel in seinem Buch[18] anführt, erinnern stark an Hermann des Lahmen Computistik, wo dieser doch in der Mathematik bewandert war.

> Zählen wir die den beiden Äbten gewidmeten Verse zusammen, so ergibt sich die Zahl 135; multiplizieren wir 135 mit 7, erhalten wir 945: genau das ist die Verszahl des gesamten Gedichts ... [Knittel S.17], usw.

Ist 945 ein Hinweis auf eine Jahreszahl?

---

18 S. 15-18

Die Reichenauer Stiftungsurkunde vom Jahr 724 besitzt als Datum den 25. April. Schon allein das macht klar, dass diese Urkunde eine Fabrikation sein muss. Sie wurde wohl von Hermann dem Lahmen um 1050 angefertigt und ausgerechnet auf den Markustag anno 724 datiert, obwohl Markus erst 200 Jahre später, also um 930 eine Rolle auf der Insel zu spielen begann. Außerdem ist diese angebliche Urkunde von Karl Martell auf Christi Geburt datiert:

> Geschrieben am fünfundzwanzigsten Tag des Monats April im Jahr Christi, als man zählte siebenhundert und vier und zwanzig Jahr,

was erst viel später um das Jahr 1000 erstmals üblich wurde. Vor dem Jahr 1000 wurde regelmäßig nach Herrscherjahren datiert, also z.B. "im siebten Jahr der Regentschaft des Großen Karl... ".

Neben der Stiftungsurkunde scheint auch Walafried Strabo eine Erfindung Hermanns zu sein: Er lässt den Walafried auffallenderweise schon als Kind ins Kloster kommen, so wie auch Hermann als 7jähriger ins Kloster kam. Ist auch Hermann selbst eine fiktive Person, die von seinem angeblichen Schüler Berthold in dessen Hermann-Vita erfunden wurde? Wir wissen es nicht.

Die Kombination aus den einerseits glücklichen Zeitverhältnissen, andererseits den schon moralischen Verwerfungen, den guten Lateinkenntnissen der Verfassers, der beschriebenen Habgier der Mönche, und der Zahlencomputistik der Verse im Buch lassen jedenfalls auf eine Entstehungszeit der Visio Wettini im 11. Jahrhundert schließen, und lassen auch darauf schließen, dass Hermann der Lahme selbst der Verfasser der Visio Wettini war. Genau in seine Zeit passen diese Verhältnisse, und nur er war in der Lage Zahlencodes in die Verse einzuflechten. Worauf die seltsamen Zahlenhinweise allerdings hindeuten ist noch wenig geklärt.

Auch Michael Richter sieht die Rolle von Hermann dem Lahmen kritisch:

> ... zusammen mit den gefälschten Gründungsurkunden waren das [die Quellen von Hermann dem Lahmen] die Hauptquellen in der bisherigen Diskussion, Es besteht die begründete Annahme, dass die zentrale Aussage dieser Quellen keine Entsprechung in der Realität hat. [Richter S.18]

Dann das sogenannte Verbrüderungsbuch mit seinen 38.000 Namenseinträgen. Es ist unklar warum sich jemand die Mühe gemacht hat, 38.000 großteils erfundene Namen in ein Buch zu schreiben. Was ist der Zweck dessen? Das Verbrüderungsbuch sei einstanden als die Abtei 100 Jahre alt war, meinen die Historiker. Im Reichenauer Kloster allein können jedoch unmöglich 38.000 Mönchen in diesen 100 Jahren gelebt haben, weshalb man annimmt, dass auch Namen von Mönchen von anderen Klöstern Erwähnung darin fanden. Wenn jemand mit dem Verbrüderungsbuch die Größe des Klosters Reichenau aufzeigen wollte, dann war das sinnlos. Wenn jemand den Geist der Verbrüderung zwischen den umliegenden Klöstern beschwören wollte, dann war das mit Fälschungsabsicht geschehen, denn die meisten der genannten 38.000 Personen waren mit Sicherheit rein fiktiv.

Schon sehr früh gab es Händel und Streit zwischen der Reichenau und dem Bischof in Konstanz, und zwar wegen, -aus heutiger Sicht-, unbedeutenden Lappalien:

> Bern war der Abt, der Hermann den Lahmen in den Konvent einführte und an dem neuerlichen Aufschwung von Gelehrsamkeit und Frömmigkeit mitwirken ließ. Daß

die Blüte nur so lange währte, wie der deutsche König und der Konstanzer Bischof den Freiraum der Abtei respektierten, erlebte Hermann 1032 mit und notierte es betrübt:

„Abt Bern von Reichenau sandte die Privilegien seines Klosters nach Rom und erhielt von Papst Johannes erneut das Privileg mit den Sandalen, daß er in bischöflichen Gewändern Messe lesen könne. Darüber aufgebracht, verklagte ihn Bischof Warmann von Konstanz bei Kaiser Konrad II. wegen Amtsanmaßung und Ehrabschneidung.

Von den beiden wurde er so lange hart bedrängt, bis er dieses Privileg mit den Sandalen dem Bischof übergab, damit er es öffentlich bei seiner Synode am Gründonnerstag nächsten Jahres verbrenne". Kaiser und Bischof minderten also die Festlichkeit des Reichenauer Gottesdienstes; das wog für Hermann schwerer als materielle Einbußen. Auch für den Besitzstand der Abtei hatte sich die Abneigung Konrads II. zwischen 1024 und 1027 schädlich ausgewirkt.[19]

Der Abt der Reichenau wollte wie ein Bischof sein, obwohl er keiner war, und wollte damit dem Konstanzer Bischof Konkurrenz machen. Das ließ sich Konstanz natürlich nicht gefallen.

Man möchte den beiden Streithähnen mit Angelus Silesius zurufen:

Freund, streiten ist nicht genug / du musst auch überwinden /
Wo du willst ewige Ruh und ewigen Frieden finden.[20]

---

19 Arno Borst: Hermann der Lahme. Hegau - Zeitschrift für Geschichte, Heft 32/33 1975/76
20 Angelus Silesius: Cherubinischer Wandersmann Band 6 Vers 75

Die ottonischen Kaiser waren die großen Förderer der Reichenau, und solange diese regierten scheint es dem Kloster gut gegangen zu sein. Im Jahr 996 begleitete Abt Wittigo sogar den jungen Otto den Dritten, dessen Vormund er war, zur Kaiserkrönung nach Rom.

Als allerdings im Jahr 1027 die Salier ans Regierungsruder kamen, da begann der Rückenwind nachzulassen. Das Geschäft mit den Buchmalereien ging bergab. Nachdem 1094 der neue Markusdom in Venedig eingeweiht und dort der Markuskult als Staatsreligion etabliert worden war, da hatte Kaiser Heinrich der Vierte jedenfalls nichts besseres zu tun als sofort nach Venedig zu reisen und dort dem Dogen seine Huld zu erweisen. Denn Venedig war zur Welt- und Finanzmacht aufgestiegen, und als solche offenbar dem Machterhalt des Kaisers wichtiger als die Reichenau. Geld kann man immer brauchen. Damals begann Venedig sein großartiges politisches Ränkespiel.

Und wenn man genau hinschaut sieht man, dass es bis heute andauert. Überall Zersetzung und gewollte Spaltungen, und ein Geldsystem das von Venedig seinen Ursprung hat.

Großmacht Venedig

Der römische Schriftsteller Juvenal beschrieb die Verhältnisse in Rom einst so: „Längst schon fließt der syrische Orontes in den Tiber". Lange Zeit empfand sich Rom als sittenstark, als ehrlich und geradlinig. Mit der Eroberung des Orients zogen, das wollte Juvenal mit seinem Spruch ausdrücken, Unmoral, Sittenverfall, Aberglauben und Täuschung, Betrug und moralische Zersetzung in die Gesellschaft Roms ein. Aus dem Osten kam der gesellschaftliche Niedergang nach Rom. Wer immer der Macht zugetan war, der ging nach Rom, inkarnierte in Rom. Nicht mehr Babylon war das Zentrum der Macht, nicht mehr Phönizien, Ägypten oder Griechenland, sondern Rom.

Dann, nach Jahrhunderten des Leids das die Römer über die

Welt gebracht hatten, ging dieses Imperium (zumindest Westrom) im 5. Jahrhundert unter. Rom versank im blutigen Chaos, und die Machtseelen fanden eine neue Zuflucht, eine neue Kulisse in Venedig, in einer Stadt die mit ihrer Lagune vor feindlichen Angriffen gut geschützt war.

Im 11. Jahrhundert dann durch Handel immens reich geworden, mischte Venedig von Anfang an in der europäischen Politik mit, und zwar immer in der Angst der kleine Landflecken an der Adria könnte von einer anderen großen Landmacht ausgelöscht werden.

Hier entwickelten die Dogen Strategien die ihr Überleben sichern sollten. Geostrategie wurde ersonnen, und wie man feindliche Mächte spaltet und gegeneinander ausspielt. Die Venezianer wurden schnell Meister in der Geheimdiplomatie, in der Täuschung und im politischen Maskenspiel. Sie betrieben Münzfälschung byzantinischer Münzen, Kursmanipulationen, Kreditwucher und Verrat an Freunden und Feinden. Nicht umsonst zeigen sich heute noch am Karneval in Venedig die Maskenträger.

Als den Kreuzrittern des 4. Kreuzzuges im Jahr 1202 der Landweg nach Jerusalem zu unsicher und beschwerlich war, wandten sie sich an Venedig, die genug Schiffe besaßen um sie ins Heilige Land bringen zu können. Obwohl die Kreuzritter kein Geld zur Bezahlung hatten, willigte Venedig ein, unter der Bedingung, dass die Ritter die dalmatinische Stadt Zara für Venedig zurückerobern sollten, was auch geschah. Danach schaffte es der Doge, wie auch immer, die Kreuzritter von ihrem Ziel Palästina abzubringen und nach Konstantinopel zu lenken. Dort mordeten, verwüsteten und plünderten die Kreuzritter die Stadt und Einwohner am Bosporus, der große Rivale Venedigs. Gold und Kunstschätze in großer Zahl kam auf diese Weise nach Venedig, und Konstantinopel hat sich niemals wieder von diesem Schlag erholt. Noch heute haben es die orthodoxen Christen den katholischen Christen nicht verziehen, dass sie durch diese grundlos angegriffen und fast vernichtet wurden.

Grundlos? Das scheint nur so bei oberflächlicher Betrachtung. Für den Stärkeren gibt es immer einen Grund für den Krieg. Das ist heute noch allgemeines politisches Denken.

1492 wurde Amerika entdeckt und 1498 der Seeweg nach Indien. Venedig sah klar, dass sein Landhandel mit dem Orient seine besten Tage hinter sich hatte und es sich auf dem absteigenden Ast befand. Und im Jahr 1509 konnten sich die europäischen Mächte Deutschland, Frankreich, Ungarn und andere aus dem venezianischen Ränkespiel lösen und bildeten die Liga von Cambrai, die gegen Venedig gerichtet war. Venedig bot alles an Geld auf was es konnte und warb 40.000 Soldaten an, und unterlag trotzdem. Fast wäre es erobert worden und dann einem andere Fürstentum einverleibt worden, wenn nicht der Papst schon 1510 aus der Liga wieder ausgetreten wäre.

Die Dogen sahen nach diesem Schock keine Möglichkeit mehr, langfristig die Macht in Venedig halten zu können. Sofort wurden verschiedene Pläne gemacht für einen Umzug; diese wurden aber erst viel später umgesetzt.

Obwohl sie Materialisten waren durch und durch, sahen die Machthaber am Rialto viel früher und viel klarer, dass man zum Machterhalt nicht nur die Materie beherrschen muss, sondern insbesonders auch die Gedanken der Menschen.

Nichts verabscheuten sie so sehr wie die Vorstellungen der Humanisten und des Nikolaus von Kues, dass Gott in jedem Menschen wohnt, dass jeder Mensch von einem göttlichen Funken beseelt ist.

Auch Angelus Silesius hat das später so gesehen wie zuvor die Humanisten:

> Halt an, wo laufst du hin / der Himmel ist in dir:
> Suchst du Gott anderswo / du fehlst ihn für und für.[21]

---

21 A. Silesius: Cherubinischer Wandersmann Band 1 Vers 82

Für die gläubigen Materialisten[22] Venedigs war der Mensch nur eine seelenlose Maschine die durch den eigenen Glauben und die Gnade Gottes erlöst werden kann, niemals jedoch durch gottgefällige, gute und wohlgefällige Werke. Denn gute Werke, das wusste Venedig natürlich, war nicht das Ziel seines eigenen Handelns und Strebens. Seine Taten waren alles andere als gottgefällig.

Der Humanist und Papst Pius II. schrieb um 1460 über die Venezianer:

> Sie wollen vor der Welt als Christen erscheinen, aber in Wirklichkeit denken sie nie an Gott, und außer dem Staat, den sie für eine Gottheit halten, ist ihnen nichts heilig.[23]

Venedig fand einen großen Verbündeten, der genauso dachte: Martin Luther. Auch dieser sah den Menschen nur durch die Gnade und den Glauben erlöst, nicht aber durch gute Werke.

Der große venezianische Kardinal Gasparo Contarini bekam den Auftrag die deutsche Kirchenspaltung vorzubereiten. Ein Reich das uneins ist und mit sich selber Kriege führt, ist auf lange Zeit keine Gefahr mehr für die Lagunenstadt. Als Luther sich auf dem Reichstag in Worms 1521 vor Fürsten und Kaiser rechtfertigen musste, da saß Contarini auch dort, neben dem Kaiser. Obwohl vorgeblich auf Seiten des Kaisers und des Papstes, intrigierte Contarini heimlich für die Reformation. Später unterstützte er aber auch den neuen katholischen Jesuitenorden und die Gegenreformation. Beide Parteien groß werden lassen und sie dann gegeneinander hetzen. So macht man wahrhaft intelligente Politik.

Den Gipfel an intelligenter Herrschaft sehen wir dann im 21. Jahrhundert, wo die Menschen, von Propaganda und Ideologie völlig geblendet, selber regelrecht darum betteln, ins Unglück

---

22 das ist kein Widerspruch
23 Kommentare, S. 743

laufen zu dürfen. Herrscher, die von tiefer Erkenntnis erfüllt sind, versuchen auf diese Weise frei von Karma zu bleiben.

Luther hatte einen engen Freund, ohne den es die Kirchenspaltung niemals gegeben hätte: Georg Burkhardt. Dieser war, obgleich der breiten Öffentlichkeit weitgehend unbekannt, zweifellos der zweitwichtigste Mann der Reformation. Georg Burkhardt nannte sich nach seinem Geburtsort Spalt bei Nürnberg Spalatin, das heißt der Spalter. Nomen est omen.

Contarini hatte enge Verbindungen zu dem Humanisten Rufus, und Spalatin war der Schüler von Rufus.

Georg Spalatin zeigt sich 1537 im Bild von Lucas Cranach dem Älteren mit unehrlich verkniffenem Mund, falschem Lächeln und melancholischen Augen, Augen die eine erlittene tiefe Kränkung aufzeigen. War es, weil er als uneheliches Kind Erniedrigungen ausgesetzt war? Es muss sein lebenslanges Streben gewesen sein, sich für eine Kränkung rächen zu wollen, denn auch viele Jahre später sehen wir in einem anderen Bild noch immer denselben Gesichtsausdruck. Dabei zeigen seine Augen keinen Willen zur Macht, nur einen Willen zur Veränderung, und insgesamt ist es ein unehrliches Gesicht, ein Agentengesicht.

Spalatin war der Kanzler, Berater, Hofkaplan, Bibliothekar und Geheimschreiber des sächsischen Kurfürsten Friedrich des Weisen und war venezianischer Agent. Friedrich der Weise wiederum war es, der Zeit seines Lebens (er starb 1525) die schützende Hand über Luther gehalten hat.

> Den gewandtesten, verständnisvollsten Fürsprecher für seine Sache am kurfürstlichen Hofe fand Luther in Georg Burkhardt aus Spalt bei Nürnberg, der seinen Namen Spalatin mit goldenen Lettern in die Geschichte der Reformation eingeschrieben hat.[24]

Es war Spalatin, der Luther die Flucht auf die Burg Eisenach

---

24 https://www.luther.de/themen/spalatin.html

organisiert hat. Spalatin ließ in Venedig eine riesige Menge an Schriften drucken, Propagandaschriften zugunsten der Reformation, und ließ diese unter das Volk verteilen. Es gibt keinen Zweifel: Venedig wollte die Kirchenspaltung und erkannte sofort, was Propaganda in den Köpfen der Menschen bewirken kann. Es kehrt nämlich das Unbewusstsein der Menschen nach außen, verstärkt Ideologien und irreale Vorstellungen und kann letztendlich zu Glaubenskriegen führen. Es war genau das, was Venedig wollte.

Venedig war später beteiligt an der Gründung der Protestantischen Union 1608, was dann direkt in den großen Krieg führte.

Natürlich wollte Venedig nicht, dass ganz Deutschland protestantisch wird. Venedig bezog seine Energie von der Spaltung und gegenseitigen Schwächung seiner Feinde, nicht von deren Einigkeit.

Betrachtet man das Aussehen von Contarini, so sieht man, gleich wie beim Dogen Leonardo Loredan (1501) hagere Gesichter mit schmalem Mund und Augen voll kühler Abwägung, die in die Ferne blicken und einem fernen Ziel zugewandt sind. Das Ziel hieß Machterhalt, man sieht es am Gesicht des Dogen deutlich.

Im 17. Jahrhundert verlegte Venedig sein Machtzentrum nach Genf, Amsterdam, London und von dort nach Übersee. Dort spielte die Musik, dort gab es keine räumliche Enge für eine Seemacht, dort gründeten sie die Ostindienkompanie, die Bank von Amsterdam und die Bank of England, später die Federal Reserve.

Legt man subjektive Begriffe wie Moralvorstellungen geistig beiseite, so kann man nur mit großer Bewunderung vom Aufstieg und der tausendjährigen Herrschaft Venedigs über die Welt spechen und wie es ihm letztlich immer noch gelingt die Welt zu beherrschen indem es die Gedanken der Menschen beherrscht.

Venedig war nicht begeistert, dass die Reichenau ihnen ihren Staatsheiligen Markus streitig machte. Wenn Markus im Dom am Rialto lag, wer war dann derjenige der in Reichenau verehrt wurde? Der Evangelist war für Venedig mehr als ein bloßes Symbol. Er war magischer und realer[25] Garant für den Erhalt ihrer Macht. Wir sehen im Folgenden, beim Abstieg der Reichenau, Zersetzung, Streit, Fälschung, Zerfall, Spaltung und Ränkespiele. Und wir müssen annehmen dass ein Großteil davon auf Venedigs Konto geht, dass aller Streit von Venedig geschürt wurde um die Reichenau zu schädigen.

Der Baubefund in Mittelzell

Erst in den Jahren 1929 bis 1941 begann man das Mittelzeller Münster archäologisch zu erforschen. Damals begann der Konstanzer Baudirektor Emil Reisser mit Ausgrabungen in Zusammenhang mit einer Heizung, die neu eingebaut werden sollte.

Reisser starb bevor die Drucklegung seiner Dissertation abgeschlossen war. Erst im Jahr 1960 wurde sein Manuskript und seine Zeichnungen dann gedruckt, aber seine Originaldokumentation galt weiterhin lange als verschollen.

Dieses Publikation hat viel Kritik erfahren. W. Erdmann konnte 1974 eine völlig neue Baugeschichte daraus entwickeln - hat aber ebensowenig die Originalzeichnungen gekannt, die erst A. Zettler im Archiv des Hochbauamts wiederentdeckte. [Untermann S.160]

Die vollständige Auswertung der Originaldokumentation, wie der genaue Abgleich mit den noch sichtbaren Befunden, ausgehend von heutigen Fragestellungen, stehen aber in Mittelzell noch aus und erscheinen als wichtiges Desiderat der Forschung. [Untermann S.161]

---

25 das ist kein Widerspruch

Die Archäologen scheinen sich also durchaus uneins zu sein.

Trotz heftiger, aber (wie man heute weiß) weithin unbegründeter Kritik an Reissers Grabungen, [...] hat man die Chance vergeben, Reissers Ergebnisse mit moderneren Methoden zu überprüfen. [Untermann S.158]

Reissers Ergebnisse scheinen weder eindeutig noch plausibel zu sein.

In den Jahren 1978 bis 1983 untersuchte dann Alfons Zettler den Westflügel der Klausur in Mittelzell (also nicht das Münster). Die Ergebnisse hat er in seiner 1988 gedruckten Dissertation publiziert,

allerdings ohne die ergrabenen Befundkontexte objektivierend und im Detail vorzulegen. Seine wegweisenden Entdeckungen und neuen Überlegungen zu Bau- und Nutzungsgeschichte von Klausur und Kirchenbauten sind deshalb - aus archäologischer Sicht - nicht unmittelbar nachprüfbar. [Untermann S.161]

Auch für Oberzell gibt es scheinbar große Kontroversen:

In Oberzell mündeten die jüngeren Untersuchungen von Erdmann und Zettler in kontroverse Vorberichte; die restauratorischen Auswertungen haben diese Kontroversen noch verschärft. Zettlers archäologische Dokumentation scheint verloren zu sein. ... Diese Situation erklärt, warum ein archäologischer Forschungsstand zur Insel Reichenau noch längst nicht zusammenfassend darzustellen ist. ... Das Fundmaterial der Grabungen Reissers und Zettlers ist bislang nicht umfassend ausgewertet. [Untermann S.163, S.167]

In Oberzell schließlich hat Abt Heito/Hatto III. (888 - 913) eine bemerkenswerte Kirche erbaut, die er zunächst wohl für seine Grablege bestimmt hatte. Ihre frühe Baugeschichte und ihre Datierung sind gegenwärtig noch heftig umstritten. [Untermann S.170]

Auch die Datierung des berühmten Freskenzyklus im Oberzeller Mittelschiff, der in acht breit ausgeführten Szenen Wundertaten Christi erzählt, ist umstritten; gehört er schon dem späten 9. Jahrhundert an oder entstammt er erst der Zeit Abt Witigowos im späten 10. Jahrhundert? [Untermann S.170]

Matthias Untermann folgert: Von archäologisch-bauhistorischer Warte aus gibt es freilich mehr Fragen und offene Probleme als Antworten und sichere Fixpunkte - es ist gar nicht so leicht zu sagen, in welchen Gebäuden zu welcher Zeit der Konvent lebte und seinen Gottesdienst feierte. [Untermann S.158]

Grund dafür sei ein "Paradox der Mittelalterarchäologie". Die große Dichte der schriftlichen Überlieferungen im Verbund mit der Vielzahl der ergrabenen Bauphasen mache einfache Lösungen unmöglich.

Reisser selbst hat acht verschiedene Bauphasen des Münsters ermittelt:

- a. Die Kirche des achten Jahrhunderts;
- b. Der Münsterneubau des Abts Heito von 816;
- c. Der Erweiterungsbau des Abts Erlebald (823-838), eine Laienkirche;
- d. Der Zustand des Münsters in der zweiten Hälfte des neunten Jahrhunderts mit der Wallfahrtskirche des hl. Markus;
- e. Der Anbau der Heilig-Kreuz-Kapelle zwischen 925 und 946;
- f. Der Münsterumbau des Abts Witigowo zur

kluniazensischen Einheitskirche 988-991;

- g. Der Neubau der zweiten Markusbasilika durch Abt Berno 1048;
- h. Der Münsterbau des Abts Diethelm v. Krenkingen 1172.

Zu diesen acht Bauphasen schreibt er:

> Damit sind bereits außerordentlich wertvolle Anhaltspunkte für die Beurteilung der Baufunde gewonnen. Sie sind um so bemerkenswerter, als sie rein aus dem Wortlaut der Quellen abgeleitet werden konnten. [Reisser S.22]

Genau das dürfte der Grund sein, warum sich die Archäologen niemals einig werden: nämlich dass die Baufunde rein aus dem Wortlaut der Quellen abgeleitet wurden.

Wer den erdichteten Reichenauer Wundergeschichten und der Lebensgeschichte des Pirmin glaubt, wer die Gründungsurkunde vom Jahr 724 zwar für gefälscht ansieht (die Falschheit ist nicht mehr zu leugnen), dem dort geschilderten Geschehen aber trotzdem Geschichtlichkeit zuweist, wer unkritisch den Berichten von Hermann und Gallus Öheim folgt, wer also eine Kloster-Baugeschichte vor dem Jahr 900 annimmt, der musst zwangsläufig auf die Schwierigkeit stoßen, wie man zu wenige archäologische Funde auf einen zu großen Zeitraum verteilt.

Streicht man jedoch Reissers vier erste Bauphasen a bis d und ersetzt sie durch den Holzbau zur Gründerzeit im frühen 10. Jahrhundert, dann ergibt alles wieder einen Sinn.

So mancher Kunsthistoriker rätselt warum die Seitenwände in Mittelzell nicht auch, wie in Oberzell, mit Wandmalereien geschmückt sind, und bieten die Erklärung an, dass dort einst wohl Wandteppiche gehangen haben müssen. Aber als Oberzell (vor dem Jahr 1000) gebaut wurde, da war die Malerei noch hoch im Kurs, während um 1050, als die Markusbasilika errichtet worden war, diese Malerei schon sehr im Rückgang begriffen war. Aus irgendeinem Grund war das einstige gute Geschäftsmodell der Buchmalerei zu Ende gegangen, und man darf politische Gründe vermuten. Die Unterstützung durch die Ottonen war entfallen, und die Salier machten Gegenwind, vermutlich aus Veranlassung ihrer Kreditgeber, den venezianischen Bankern.

Der Niedergang des Klosters

Um den Niedergang des Inselklosters begreifen zu können, lassen wir Berichte aus zumeist alten Büchern sprechen. Wir wissen nicht, ob sich alles wirklich im Detail so zugetragen hat. Und wie schon gesagt, es muss auch erbauliche Tage und Jahre gegeben haben. Aber die alten Berichte geben doch ein Gesamtbild, das nicht allzu positiv ausfällt.

Welche Rechte nahmen sich die Mönche heraus! Und warum konnten die Äbte dem Treiben der eigenen Mönche nicht Einhalt gebieten. Es kann nur eine Erklärung dazu geben: das Kloster war finanziell abhängig von den eigenen Brüdern und Patres: der riesige Klosterbesitz war im Eigentum der fürstlichen Klosterherren verblieben und die Abtei konnte nicht frei darüber verfügen.

In Ulm schien es hingegen eindeutig zu sein: die Reichenauer präsentierten der Stadt Ulm eine gefälschte Urkunde wonach Karl der Große die Stadt einst dem Inselkloster geschenkt habe. Die Fälschung wurde von den Ulmern schnell also solche erkannt, und sie wehrten sich mit Händen und Füßen gegen die Abgaben, die sie an das ferne Kloster zu leisten hatten. Aber erst im Jahr 1446 konnten sie sich gegen eine Zahlung von 25.000 Gulden gänzlich freimachen von allen Verpflichtungen.

Ulm war also keine Besitzgabe eines fürstlichen Mönchs gewesen, sondern falsches, ergaunertes Klostereigentum aufgrund einer Urkundenfälschung.

Echtes, frei verfügbares Eigentum auf den Dörfern scheint die Reichenau hingegen nicht gehabt zu haben. Die fürstlichen Klosterherren nahmen sich im späteren Mittelalter jedenfalls das Recht heraus, einzelne Höfe in ihre eigene Tasche zu verkaufen und den geschlossenen Klosterbesitz, die Villikation, nach und nach zu zerstören. Es heißt in den Geschichtsbüchern: die (bürgerlichen) Klosterverwalter wurden aus irgendeinem Grund mächtig, vergriffen sich am Klosterbesitz und wurden dann selber zu Adeligen. Aber das kann ja nicht stimmen, denn ein Bürgerlicher hätte sich nicht selber adeln können. Wir müssen davon ausgehen, dass die Klosterherren adelig waren und sie ihr Eigentum von unfreien Ministerialen verwalten ließen, und diesen Klosterherren und ihren Vorfahren die Rechte in den Dörfern immer schon, und immer noch, zustanden. Wie gesagt, in Ulm war die Lage anders.

Es war der zweite Geburtsfehler des Klosters Reichenau, dass es seit seiner Gründung bis um 1450 fast ausschließlich nur Brüder aus dem Hochadel aufnahm. Sicher, die Abtei wurde dadurch schnell unermesslich reich, - aber zu welchem späteren Preis. Der Preis war die Abhängigkeit von den eigenen Konventualen, die als Adelige ein liederliches, sattes und herrschaftliches Leben führen wollten, sich nicht unterordnen konnten und anfällig waren für jede Art von finanzieller Bestechung und Einflussnahme.

Venedig hatte leichtes Spiel.

1080

Unter Abt Ekkehard II. (+1088) war das Kloster in einem traurigen Zustand. Die Wissenschaften lagen darnieder, die Klosterzucht war verschwunden, die Kirche vernachlässigt, der Gottesdienst gleichgültig gehandhabt und wie im Reiche sind wegen Spaltung zwischen geistlicher und weltlicher Macht Parteien entstanden und Kriege, die Länder verwüsteten - so herrschte auch Unfriede und Verwirrung auf der Reichenau. Die schönen Zeiten des Klosters, wo Frömmigkeit und Bruderliebe den Impuls zu allem Großen und Schönen gab - sie waren dahin. [Staiger S.112]

1080

Die langwierigen schrecklichen Bruderkämpfe, welche unter Heinrich dem Vierten das Deutsche Reich verwüsteten, erstreckten sich auch auf die Klöster Reichenau und St. Gallen; ersteres hing dem Gegenkönig Rudolf von Rheinfelden an, während letzteres treu zum Kaiser stand. Die St. Galler Mönche wollten sich den ihnen von Rudolf aufgedrungenen Abt Luitold nicht gefallen lassen, und zerbrachen ihm beim Eintritt ins Kloster den Abtstab. Er verstand den Wink und verzichtete auf seine Würde. Der Kaiser ernannte nun Ulrich, den Sohn des Herzogs von Kärnten zum Abt. Abt Ekkehard von Reichenau glaubte diese Missachtung seines Herrn rächen zu müssen und überfiel das St. Galler Kloster verschiedene Male, wofür Abt Ulrich, mit den ihm von seinem Vater gestellten Kriegsmannschaften die Reichenauer Besitzungen verwüstete. [Gußfeldt S.51]

1100

Auffallend ist, wie sich Stiftungen und Vermächtnisse zugunsten des Klosters seit Beginn der Kreuzzüge vermindern. [Gußfeldt S.56]

1130

Durch die langjährigen Fehden war der Wohlstand und damit die Bedeutung der Abtei tief gesunken; ihre Besitzungen waren teilweise verpfändet und verschleudert worden, um Geld für die Kriegszüge zu beschaffen. Die Klosterschule war in Verfall geraten, Wissenschaft und Kunst wurde nicht mehr gepflegt und der Gottesdienst ohne Andacht verrichtet. Durch den langen Krieg waren Mönche und Klostermannen verroht; letztere scheuten sich nicht, einen ihnen unbequemen Schirmvogt, einen tugendhaften jungen Mann, der arglos auf die Insel kam, um seine Andacht zu verrichten, meuchlings zu überfallen und zu ermorden. Im Jahr 1135 erschlugen die Mönche sogar ihren eigenen Abt. ... [Güßfeldt S.52]

1150

... vielleicht darf man sagen: seit dem Tode Hermanns des Lahmen hat die Reichenau keine historiographische Leistung mehr aufzuweisen, und selbst ein Skriptorium scheint es dort im 12. Jahrhundert nicht oder nur in Ansätzen gegeben zu haben, wenn man dies aus den wenigen Handschriften jener Zeit schließen darf, die in der Reichenauer Bibliothek erhalten geblieben sind. Daß die Schenkungen ausblieben, von denen die wirtschaftliche Prosperität einer Abtei abhängig war, ist erklärlich, wenn man das adelsstolze, in starren traditionellen Formen verharrende Inselkloster mit den neuen Reformklöstern vergleicht, in denen ein reges geistliches und geistiges Leben herrschte. Dort konnte der Adelige sicher sein, eine Gegengabe für seine Schenkungen zu erhalten: das wirkungsvolle Eintreten der Mönche für ihn und seine Familie vor Gott und den Heiligen. Die Schenkungen an Petershausen, Zwiefalten, St. Georgen, Allerheiligen und vor allem an Hirsau machen es deutlich. Kraftvolles monastisches Leben, wirtschaftliche Kraft, zahlenmäßig starker Konvent und wissenschaftlich-kulturelle Leistungen im Kloster bedingen einander: auf der Reichenau des 12. Jahrhunderts fehlte das eine wie das andere, und so fehlten auch Kopial- und Traditionsbuch, Stifter- und Klosterchronik. Was hätte man darin auch zum Ruhme des gegenwärtigen Klosters beschreiben sollen außer innerem Hader und unmönchischem Verhalten, Kämpfen und wirtschaftlicher Depression, ja Armut. Was man besaß war Geschichte, aber man hatte keinen Geschichtsschreiber, der sie hätte lebendig werden lassen. Die reiche Bibliothek, Zeugnis aus großer Zeit, verkam ungenutzt, das Archiv, ein Pergamentlager, blieb ein Haufen Rohmaterial für den Buchbinder wie den Fälscher. [Schwarzmaier S.29]

1180

Es gelang Diethelm von Krenkingen wieder Zucht und Ordnung auf der Reichenau herzustellen, die Klosterschule zu heben und die zerrüttete Vermögenslage aufzubessern; doch trat nach seinem Tode 1206 wieder ein allmählicher Verfall ein, den aufzuhalten die Zeitverhältnisse nicht angetan waren. Es ist anzunehmen, dass es im Kloster Reichenau während des 13. Jahrhunderts um die Pflege der Wissenschaften ähnlich schlecht bestellt war wie im Kloster St. Gallen, in welchem im Jahre 1219 nur noch ein einziger Mönch lesen und schreiben konnte. [Güßfeldt S.53]

1230

Abt Heinrich (1206-1234) stand ebenfalls dem Gotteshause würdig und segensvoll vor. Er ließ das Münster renovieren und ausbessern, [...] war ein Freund und Beförderer der Wissenschaften und verfasste sogar eine Lebensbeschreibung des hl. Pirmin (Vita St. Pirminii). Er regierte 28 Jahre und starb im Jahr 1234. [Staiger S.113]

1235

Seit dem Klosterbrand 1235 war das klösterliche Leben rasch in Verfall geraten, die relativ wenigen verbleibenden, aus dem Adel stammenden Mönche („Klosterherren") bewohnten eigene Höfe. [Untermann S.168]

1250

Abt Konrad (1234-1255). Dieser Abt hatte wieder eine schlimme Zeit. Zum Unfrieden im Reich, zu den Widersetzlichkeiten der Stadt Ulm, das von Kaiser Karl dem Großen an das Gotteshaus

Reichenau vergabt wurde, zu dem Streit Kaiser Friedrich II. mit den Päpsten [...], wodurch überall die Flamme und das Schwert des Krieges wütete - brannte auch noch im Winter 1254 das stattliche und umfangreiche Kloster ab, das einst bei 1600 Köpfe in seinen Mauern zählte. [Staiger S.114]

1250

Dem Kloster gehörte in Ulm auch ein herrschaftliches Grundstück mit großem Lustgarten, Grünhof genannt, in welchem sich unter einem Oberen stets 6 oder 7 Konventualen aufhielten. Dorthin ritten auch die Klosterherren zu Turnieren und Lustbarkeiten, schmausten, zechten und führten ein so lockeres Leben, dass sie den Ulmer Bürgern viel Ärgernis gaben. Auch auf die Reichenauer Mönche passte, was ein zeitgenössischer Schriftsteller sagt: "Wenn einer träge und arbeitsscheu ist und in üppigem Müßiggang leben will, so geht er zur Kirche. Da sitzen sie in den Schänken, zechen und würfeln und prassen den ganzen Tag, streiten und schreien im Weinrausch, lästern Gott und alle Heiligen und kommen dann aus den Armen ihrer Dirnen an den Altar Gottes". [Güßfeldt S.63]

1250

Die alten Reichsabteien beherbergten schon längst nur eine kleine Anzahl hochgeborener Herren, denen von wirklich mönchischem Geist nur noch wenig inne wohnte; nach und nach konnte ein jeder ein Amt mit dessen gewiesenen Einkünften erhalten, und das gemeinsame Leben und die alte Klosterzucht verfielen. Der Abt wurde ein weltlicher Fürst, wie die anderen, ein reicher Lehnsherr, dessen unmittelbare Beziehungen zum Kloster fast ganz abgeschnitten waren. [Brandi I S.83]

1254

Auszug aus der Klage des Abts Konrad im Jahr 1254 nach dem

Klosterbrand (dem Sinn nach):
Jetzt kommen gar die Frechen, voran die königlichen Diener, und fallen gierig auf dich ein. Sie nehmen sich wie gemeine Räuber was die tätige Hand verehrter Fürsten dir gesammelt. Und, indem sie auf Genuss ausgehen, verzehren sie das Geraubte. Sie, die ehemals hochmutsvoll sich deine Beschützer nannten, sie haben jetzt in tollem Wahn als Räuber sich erwiesen.
[Staiger S.114]

1255

Auf den frommen und gelehrten Abt Konrad folgte Abt Burkhard [+1259], ein Freiherr von Hewen. Unter ihm war der Zustand des Klosters ebenfalls noch traurig. Die adeligen Conventualen, an ein üppiges Leben gewöhnt, wurden verdrüssig, und da er, obwohl er den Flecken Zurzach um 310 Mark Silber an das Bistum Konstanz verkaufte, sie doch nicht befriedigen konnte, wollten einige Parteigänger ihn sogar ermorden. Er entging zwar der Gefahr, aber die entarteten Klosterherren verwüsteten dafür die Insel. [Staiger S.115]

1258

Mehr als Krieg und Brand trug die Zuchtlosigkeit der eigenen Mönche zum Verfall bei. Sie brachen in offene Empörung aus, sobald ein Abt den Versuch machte, ihre üppige Lebensweise einzuschränken. Als Abt Burkhard 1258 verlangte, dass sie wieder das Kleid des Benediktiners anlegen sollten, welches sie längst mit höfischen und ritterlichen Gewändern vertauscht hatten, beschlossen die Mönche Friedrich von Thengen und Berthold von Rote, ihn meuchlings beim Nachtessen zu ermorden. Der Abt wurde rechtzeitig gewarnt und entrann; die verbrecherischen Mönche aber sammelten Bewaffnete, überfielen damit die Insel, verjagten alle, die noch treu zum Abte hielten und plünderten auch die umliegenden Klostergüter ... Der Bischof von Konstanz hielt diesen Zeitpunkt für geeignet, um sich mit Gewalt in Besitz der Abtei zu setzen. Er überfiel die Insel und zwang diejenigen Mönche, Dienstleute und Leibeigene, welchen keine Zeit zur Flucht geblieben war, ihm den Treueschwur zu leisten; doch auf Befehl des Papstes musste er das Kloster wieder aufgeben. [Güßfeldt S.55]

1312

Südlich dieser Anlage, die im 15. Jahrhundert abgebrochen wurde, errichtete Abt Diethelm von Castel 1312 über früh- und hochmittelalterlichen Kiesgruben sein burgartiges Abtshaus. [Untermann S.168]

1312

Nachdem der sehr baulustige Abt [Diethelm III.] neue Schlaf- und Speisezimmer erbaut hatte, wollte er auch neue Hörsäle für die Schulen errichten, stieß aber bei den hochadligen Mönchen, welche sich lieber auf den Turnieren zu Ulm und bei anderen Festlichkeiten vergnügten, als Schulmeister zu spielen, auf heftigen Widerstand. Sie befürchteten, dass die für den Bau ausgesetzte Summe ihre eigene üppige Lebensweise beschränken würde. [...] Durch solche Vorkommnisse wurde natürlich Diethelm des Dritten Beliebtheit bei den Konventualen nicht vermehrt, von denen er ohnehin wegen seiner Abstammung aus dem niederen Adel etwas über die Achsel angeschaut wurde; er zog es deshalb vor, die letzten Jahre seiner Regierung in dem von ihm errichteten festen Turm in Steckborn zu verleben, anstatt unter seinen aufsäßigen Mönchen. [Güßfeldt S.57]

Der romanische Teil des Münsters

Reichenauer Buchmalerei, Gero-Codex um 969. Markus mit dem geflügelten Löwen (oben).

1312

Durch mutwillige Fehden, gewissenlose Verwaltung und unsinnige Verschwendung war im Laufe eines Jahrhunderts aus der Reichenau eine Armenau geworden. Unter Abt Diethelm III. hatten die Einkünfte des Klosters sich um die Mitte des 14. Jahrhunderts von 90.000 Gulden auf 16.000 Gulden herabgemindert; 40 Jahre später betrugen die Renten nur noch 3 Mark Silber. Später unter Abt Werner von Rosenegg (+1402) war die Not so groß, dass er willens war, die Gebeine des hl. Markus an die Venetier zu verkaufen, hieran aber gewaltsam durch die Leibeigenen des Klosters gehindert wurde. Der arme Fürstabt Werner, von dem Öheim schreibt, dass er ein freundholder lieber Herr gewesen sei, war schließlich nicht mehr in der Lage, eigene Tafel halten zu können; er ritt täglich mittags und abends auf seinem weißen Rösslein nach Niederzell, wo er sich bei einem Leutpriester billig in Kost gegeben hatte. [Güßfeldt S.60]

1340

Abt Diethelm der Dritte [1306-1343]. suchte vor allem, dass die Conventherren wieder das Klostergewand nach der Regel des hl. Benedikt trugen, das sie seit Jahren ganz ablegten. Hierauf baute er einen Speisesaal, Schlafzimmer, Hörsäle für die Schulen und bewirkte dass die Einkünfte, Güter und Besitzungen des Klosters in Italien, die im Verlauf der Zeit entrissen wurden, wieder zurückgegeben werden mussten ... Auch Papst Johannes der 22. (1316-1334), befahl, dass die Rechte, Güter und Besitzungen des Klosters in Deutschland, welche abhanden kamen, wieder an dasselbe zurückgebracht werden sollen -- die hochadligen Klosterherren dagegen, die lieber turnierten, bei Ritterspielen waren, zu Ulm sich lustig machten, zu Hochzeiten und Schmausereien sich begaben usw., statt sich mit Kirche, Religion und Wissenschaften zu befassen - war der strenge geringer adelige Abt nur gar nicht recht. Um ihrem Übermute zu entgehen baute Diethelm für sich in Steckborn einen festen und massiven Turm, das Schloß. Dort lebte er stille und doch der Abtei nahe bis ihn der Tod [1342] ergriff [Staiger S.118]

1350

Es kam zur Feindschaft, die über sieben Jahre dauerte und an welcher die Herren von Brandis auf der Reichenau ebenfalls Teil nehmen. Ihre erste feindselige Handlung zeigte sich an Fischern 1366. Der Kellermeister Mangold von Brandis und der Cantor des Klosters [..] machten eine Lustpartie zu Schiffe. Sie trafen einen Fischer aus Petershausen an, der die Grenzen des Kreises überschritt und auf dem Gebiet des Abtes fischte. Sogleich fuhren sie auf ihn zu und stachen ihm die Augen aus. Der Blinde wurde in die Ratsstube zu Konstanz gebracht. Deser Anblick empörte die Bürger so, dass sie eilends Mannschaft abschickten um die Höfe jener Herren auf der Au zu verbrennen und zu zerstören. [Staiger S.122]

1368 aber fiel eine Geschichte sehr übel aus. Es war zwischen Weihnachten und Fastnacht, als 27 Bürger von Konstanz zu einem Ritterspiel (Stechen) nach Zürich wollten. Abt Eberhard von Brandis schickte ebenfalls 27 Männer mit seinen beiden Verwandten Wölfle und Thüring von Brandis dorthin.

Als sich beide Teile bei Bassersdorf begegneten, sprengten die aus der Reichenau sogleich auf die von Konstanz los und stachen fünf von den Rossen herab. Darauf fielen die Konstanzer über die Äbtischen her, stachen den Wölfle von Brandis nieder, der tot auf dem Acker lag, und machten vier zu Gefangenen. Jetzt ergriff Thüring mit den Übrigen die Flucht.

Hernach im gleichen Jahr [...] fuhr das Marktschiff von Konstanz nach Stein zu Markt. Der Abt Brandis und die Seinen stellten sich unter dem Schloss Neuenburg [bei Mammern] nachts auf die Hut. Wie das Schiff ankam fuhren sie darauf zu, bestiegen es, zogen die Waffen und erstachen neun Knechte. Andere wurden verwundet, und alle wurden im Schiff liegen gelassen. Das Schiff kehrte um. Die Sache kam vor den Rat und sogleich machten sich die Konstanzer mit 18 Schiffen nach Marbach [am Untersee] auf, eroberten die Festung [die dem Reichenauer Kellermeister Brandis gehörte] und verbrannten sie samt Torkel und Stallung. Auch wurden neun Knechte gefangen; diese nahm man mit nach Konstanz und schlug ihnen auf der Gerichtsstätte beim großen Stein zu Kreuzlingen die Köpfe ab. [Staiger S.124]

1370 wurde von den Bürgern von Konstanz wegen einer nochmaligen Gewalttat der von Brandis an Konstanzer Fischern das verhasste Schloss Schopfeln zerstört, das seither als Ruine am Eingang der Reichenau steht. Zuvor hatte der Abt beim Bischof Ulrich III. (+1351) Geld entlehnt, und als dieses verschwendet war ging es wieder an ein Versetzen, Verpfänden, Verkaufen. [Staiger S.125]

1360

Seit unwürdige Äbte und namentlich die von Brandis [ab 1343] dem Kloster vorstanden, zog alles Übel in die Klostermauern ein. Die vielen Reisen der gnädigen Herren brachten fremde Sitten und Üppigkeit in dieselben; die mutwilligen Fehden und die Verschwendung erschöpften die Schätze; die liederliche Wirtschaft brachte die Abtei um Güter und Einkünfte; das Herumziehen der Klosterherren auf die Turniere, zu Fastnachtsspielen, Hochzeiten und Tänzen entfremdete die hochadeligen Herren ihrem geistlichen Berufe. Die Disziplin wurde gelockert, die guten Sitten verdorben, Luxus trat an die Stelle der Genügsamkeit, und das Kloster wurde eine Stätte der Schwelgerei, - Kirche und Bibliothek verlassen. ... unter den Brandis betrugen die jährlichen Renten kaum noch drei Mark Silber oder 72 Gulden. Als Abt Werner [von Rosenegg] die Abtei übernahm war das Kloster gar ganz verarmt; er hatte nicht mehr soviel, dass er einen eigenen Tisch halten konnte. [Staiger S.129]

1390

In der großen Not musste Abt Werner von Rosenegg (Abt von 1385 bis 1402) manches versetzen, verpfänden, verkaufen; als er jedoch St. Markus den Venetianern überliefern wollte, wurde er daran von den Gottesdienstleuten [den Leibeigenen] gehindert. Der arme Fürstabt starb am 24. April 1402. [Staiger S.130]

1428

Als Abt Friedrich, Freiherr von Wartenberg, 1428 seine Würde antrat, fand er nur 2 Novizen im Kloster vor, Heinrich Graf von Lupfen und Hans Freiherr von Roseneck; alle anderen waren vor seinem Eintreffen ausgerückt, da ihm der Ruf eines eifrigen strengen Mannes voranging, einige nach Hause, andere in den Krieg gegen die Appenzeller. Da stellte der Abt den beiden Brüdern enstlich vor, dass sie von nun an streng nach St. Benedikts Regel zu leben hätten. [Gußfeldt S.62]

1430

Erst mit Abt Friedrich den Zweiten von Wartenberg (Abt von 1427-1453) beginnt ein neuer Glanz des Klosters Reichenau. [...] Seine Wahl geschah 1428. Als er die Abtei antrat, waren zwei einzige Novizen noch im Kloster. Die anderen gingen auf und davon: einige nach Hause, andere zu den Kriegsheeren gegen die Appenzeller, - und zuletzt traten die beiden Novizen [...] auch aus, denn es fehlte ihnen der innere Drang zum Klosterleben, das warme innige Verlangen zur stillen Einsamkeit, jene Demut und Frömmigkeit, die nur Freude an der Kirche und Zelle hat, der wahre Ernst zu einer Vereinigung mit Gott. Was sie ins Kloster trieb waren ganz andere Gründe.
Sie glaubten hier ein angenehmes, bequemes, freies, ungebundenes Leben führen zu können; daher die Abneigung, das Missvergnügen, die Unlust, der Verdruss - als der Abt ihnen einen bescheidenen Tisch vorsetzte, auf Handhabung der Klosterzucht drang und sie zum pünktlichen Kirchendienst anhielt. Ist doch das Klosterleben, wenn es recht geübt wird,

nicht so angenehm und schön, wie man gewöhnlich glaubt: das Gebet hat seine Stunden, die Erholung ihre Zeit, alles seine Grenzen. Bald ruft die Mette, bald die Prim, Terz, Sext, Non, Vesper und Complet, bald der Beichtstuhl, und - während der Laie zur Nachtzeit ruhen kann - ruft die Glocke wenn die Mitternacht anbricht den Klosterherren in den Chor. Daher, wer nicht wirklichen Beruf zum Klosterleben in sich fühlt und nur aus irdischen Gründen und mit irdischen Wünschen und Leidenschaften die unverletzliche Schwelle des Klosters betritt - wird den gehofften Frieden da nicht finden. Man muss, um sich Gott und der Kirche zu widmen, daher erfüllt und dafür durchdrungen sein. Fehlgeschlagene Hoffnung, zerstörte Liebe, gekränkte Eitelkeit, Erwartung eines reizenden Lebens dürfen nie die Klosterpforte öffnen - sonst folgt bittere Reue; dessen Wünsche aber mit dem Bunde der Kirche gestillt und eins wird, dem wird das Kloster eine Stunde der Zuflucht sein, ein Ort der Zufriedenheit, eine frohe und glückliche Heimat sein. [Staiger S.131/132]

1440

Das Gotteshaus wurde inzwischen von einigen Mönchen, die ihm der Abt von St. Blasien zuschickte, bewohnt, bis es sich aufs neue bevölkerte. Fürsten, Grafen und Herzöge kamen jetzt freilich nicht mehr ins Kloster; dafür aber ließen sich viele aus dem niederen Adel aufnehmen, seitdem der Abt Friedrich diese Aufnahme gewährte.[...] 1437 ließ Friedrich das Kloster mit einer Mauer umgeben und neue Klostersäle und Zimmer herstellen sowie auf dem Glockenturm einen neuen Helm machen, da der alte von einem Sturmwind herabgeworfen wurde.[Staiger S.133/134]

1446

1446 verkaufte der Abt [Friedrich] nach einem langen Prozess und einer 14 jährigen Exkommunikation der Ulmer gegen 25.000 rheinische Goldgulden die noch übrigen Rechte, Gefälle und Privilegien, welche das Kloster zu Ulm hatte, an diese Stadt, wodurch sie sich vom Gotteshaus Reichenau ganz frei machte. [Staiger S.135]

1490

Solchen welchen das Wort des Papstes Beweis ist, wird durch die Bulle Innozenz des 8. jeder Zweifel genommen. In derselben [päpstlichen Bulle] ist gesagt: Dass der Leib des heil. Markus wirklich in der Reichenau ruhe und den jüngsten Tag des Gerichtes daselbst erwarte und er denen, die zu seinen hl. Reliquien wallfahren, auf zehn Jahre Ablass verheißt. [Gußfeldt S.19].

1540

Abt Markus ließ sich verräterischerweise gegen eine hohe Abfindung bereit finden, dem Bischof die Abtei auszuliefern. Die Übergabe erfolgte am 6. Februar 1540. Markus, der durch einen Schlaganfall körperlich und geistig geschwächt und sich vielleicht seiner unredlichen Handlungsweise nicht ganz voll bewusst war, erhielt ein jährliches Leibgeding von 1400 Gulden, 10 Fuder Wein und 20 Klafter Holz zugesichert, außerdem ein Haus in Radolfzell und eines in Bohlingen; bei seinem Auszuge wurden ihm außer dem Ausbedungenen noch sämtliches Silbergerät des Klosters (mit Ausnahme von 8 Bechern), 12 Fuder Wein [1 Fuder sind 12 Eimer], ein großer Kornvorrat, 10 vollständige Betten, 2 Tafelservice und sein Leibross überwiesen. Als er mit seiner Beute übers Wasser nach Radolfzell fuhr, erhob sich ein so heftiger Sturm, dass das Schiff umzuschlagen drohte. Er bezog sein Haus in Radolfzell, hielt daselbst Hof und starb nach 9 Monaten. [Gußfeldt S.67]

1540

So endete ein Kloster, schreibt Staiger in seinem Buche über die Reichenau, das mehrere Jahrhunderte hindurch eine fruchtbare Mutter von heiligen und frommen Männern, eine

Pflanzstätte der Kenntnisse und Wissenschaften war - ein Kloster, in dem lange nur Fürsten, Herzöge, Grafen und Freiherren als Kapitulare aufgenommen werden durften - ein Kloster, dem Päpste und Kaiser ihre Huld und Gnade in größerem Maße zuwiesen [...] - ein Kloster, das durch die zahlreichen Vergabungen zu den reichsten Klöstern von Alemannien gehörte und das mit seiner gesegneten Insel mit Recht sich Reichenau nennen konnte - ein Kloster, das so ausgebreiteten Grundbesitz hatte, dass noch jetzt die Sage geht: wenn der Abt von Reichenau nach Rom reiste, er jeden Tag auf eigenem Grund und Boden habe Nachtherberge halten können - ein Kloster, das einst bei 300 adlige Vasallen hatte und von dem 4 Erzherzöge, 10 Pfalzgrafen und Markgrafen, 27 Grafen und 28 Freiherren und Ritter Lehen trugen. [Gußfeldt S.68]

1550
In seiner 1550 in Basel erschienenen Kosmographie berichtet Stumpf über diese strittige Sache: "Es soll auch der Evangelist Sanct Markus leybhafftig in diesem closter sein, darumb die münch nit gesungen oder gelesen haben sanct Marci Evangelium Secundum Marcum, sunder secundum illum, das die Venediger nit ein wenig bemühet hat, haben ihnen eine große Summe Geld wollen geben dafür, aber die münch habens nit wollen thun". [Gußfeldt S.18].

Stumpfs Kosmographie besagt also: Weil die Reichenauer auf ihrem Alleinstellungsanspruch bezüglich ihres Inselheiligen verharrten, haben sich die Venediger stark bemüht, der Reichenau um eine große Summe Geld die Reliquie abzukaufen. Aber die Mönche wollten keinen Verkauf.
Bei aller offenkundiger Machtlosigkeit der Reichenauer Abteiführung, oder gerade deswegen, ist das Ausmaß der Streitigkeiten bemerkenswert. Jahre- und Jahrzehntelang wurde wegen Belanglosigkeiten ein sinnloser Streit bis auf's Blut mit

Konstanz ausgefochten, der zu großen Verwüstungen auf der Insel führte.

> „Sie streiten sich, so heißt's, um Freiheitsrechte; Genau beseh'n, sind's Knechte gegen Knechte".[26]

Aus heutiger Sicht waren die Gründe für den Streit belanglos, aber für die damaligen Zeitgenossen waren sie wohl existenziell. Das Bistum Konstanz wollte die Reichenau einverleiben, und diese wehrte sich mit Händen und Füßen. Aber hatte die Abtei nicht ursprünglich einen geistlichen, christlichen, missionarischen Auftrag? Dieser scheint im Verlauf des Hochmittelalters völlig in Vergessenheit geraten zu sein.

Der große Brand 1254 ist vielleicht nicht aus Zufall ausgebrochen, sondern wurde wohl mit Absicht gelegt. Die ganzen Urkunden und sonstige Dokumente sind vielleicht nicht einfach so verschwunden, sondern wurden geraubt und vernichtet. Man ist geneigt einen großen Unruheschürer zu sehen: Venedig. Dieses hatten, wegen dem doppelten Sankt Markus, ein großes Interesse daran, die Reichenau klein zu halten. Die ganze moralische Zersetzung des Klosters ist undenkbar ohne einen externen Verursacher. Der Konstanzer Bischof und der Reichenauer Abt, die zur Gründungszeit noch harmonisch zusammen arbeiteten, waren nach dem Jahr 1100 erfolgreich gespalten worden.
Abt Diethelm hat im frühen 14. Jahrhundert neue größere Gebäude errichten lassen, und man fragt sich, woher das Geld kam. Die Abtei war doch damals schon im freien Fall begriffen. Aber eine Finanzmacht wie Venedig war immer bereit seinen Gegnern (jeder war sein Gegner) Geld zu leihen, das dann später mit Zins und Zinseszins zurückgefordert wurde und den Gegner in den Ruin trieb.
Um 1340 gingen die venezianischen Banken pleite, weil sie zu

---

26 Geheimrat von Goethe

viele nicht rückzahlbare Kredite vergeben hatten, und es entwickelte sich eine große Finanz- und Wirtschaftskrise, die ganz Europa erfasste und in die große Pestzeit 1349 mündete. Dadurch kam Abt Eberhard von Brandis (+1379) so sehr unter Druck, dass er fast das gesamte Vermögen der Reichenau, worin auch immer das noch bestand, verkaufen musste. Er verkaufte es in seiner Not an die eigene Verwandtschaft.

Die Historiker rügen die schlechte Haushaltsführung dieses charakterlich schwierigen Abtes, und dass er Besitz und Eigentum im großen Stil verscherbelte, verkennen aber, dass er mit Sicherheit keine Wahl hatte. Der Gläubiger saß ihm im Nacken, und das kann nur Venedig gewesen sein, denn Venedig hatte ein umfassendes Banken- und Finanznetz über Europa gestülpt, umfangreicher als zuvor die Tempelritter.

Eifersüchtiges Venedig

Im Jahr 1428 kam der neue Abt Friedrich von Wartenberg auf die Insel, "der neue Pirmin", wie ihn Gallus Öheim und Conrad Gröber nennen.

Ihm gelang es, die Dinge der Abtei wieder in einigermaßen geordnete Bahnen zu lenken. Als er sein Amt antrat, da waren nur noch zwei Novizen im Kloster, es waren Verwandte von ihm; weil Friedrich als strenger Herr galt waren alle anderen zuvor gegangen, zu Kriegszügen gegen die Appenzeller oder sonstwo hin. Und diese beiden Novizen blieben auch nicht lange, so liest man, so dass Friedrich bald einige Mönche aus St. Blasien ausleihen musste, wollte er nicht allein im Kloster leben. Im Jahr 1437 ließ er eine Mauer um die Abtei bauen, baute neue Säle und Zimmer und ließ Kirche und Ausstattung ab Mitte des 15. Jahrhunderts umfangreich erneuern.

Man fragt sich, welchen Nutzen die ganze neue Bautätigkeit haben sollte, wo doch das Kloster offenbar nur noch von wenigen Mönchen bewohnt war. Aber Friedrich öffnete, weil er nicht allein im Kloster leben wollte, den Konvent nun für den niederen Adel, und so dürfte das Kloster sich wieder gefüllt haben. Dafür blieb der Hochadel nun aus. Nichts war den Menschen im Mittelalter wichtiger als Herkunft und Standesunterschiede.

Friedrich starb 1454, und schon unter seinem Nachfolger Johann von Hinwil setzten sofort wieder die alten schlimmen Missverhältnisse ein. Johann war in rechtlichen Dingen nicht durchsetzungsfähig und befand sich am Ende seiner 10jährigen Amtszeit in schweren Konflikten mit seinem Konvent. 1457 ließ er einen Mönch gefangen setzen, und fünf Jahre später zogen einige Mönche aus Protest aus dem Kloster aus.

Unter Abt Johann Pfuser (1464–1491) wurde dann der Markuskult öffentlichkeitswirksam intensiviert und neubelebt. In seiner frühen Amtszeit dürfte das spätgotische Markusgrab errichtet worden sein. Im Jahr 1477 wurde dann das Münster neu geweiht und Markus auch offiziell zum Mitpatron des Münsters erhoben:

In der Professformel ist das Doppelpatrozinium „Maria und Markus" erstmals 1442, und seit 1454 überwiegend festzustellen. Dieser immer wieder postulierte Sonderstatus des Hl. Markus erfuhr dann schließlich mit seiner Erhebung zum Mitpatron 1477 die offizielle Bestätigung. [Bock]

Warum ist Markus so spät, erst nach Jahrhunderten, endlich zum Kirchenpatron geworden? Dieser Sachverhalt ist bemerkenswert, und man muss einen Gegenwind dafür annehmen.

Die Sündenerlasse von Abt Pfuser der Jahre 1465, 1473 und 1486 sind als Werbemaßnahmen für die Verehrung des Evangelisten zu verstehen, die dem Kloster Geld in die Kasse spülen sollten. Dazu eröffnete Pfuser auch für private Besuchergruppen die Möglichkeit, vermutlich gegen hohe Bezahlung, die Markusreliquie ansehen zu dürfen.

Pfuser prägte ab 1473 sogar eigene Münzen und zwar sogenannte Reichenauer Rollbatzen mit dem hl. Markus als Münzbild. Und aus dem Jahr 1500 sind uns Radolfzeller Batzen erhalten mit der Schrift Moneta Augie maioris und S. Marcus Evangelista. Diese Münzen zeigen sogar das Bild des geflügelten Markuslöwen.

Es sind sogenannte Brakteaten, also einseitig geprägte Blechstücke ohne eigentlichen Wert.[27] Ausdruck der finanziellen Not der Reichenau, oder Fälschungen Venedigs?

Venedig war von alledem nicht begeistert. Nur ein Jahr später, also 1474, stattete der venezianische Kardinal und Legat Marcus Barbo der Reichenau einen Besuch ab. Er wurde mit großen Ehren empfangen, man zeigte ihm alle heiligen Reliquien wie den Krug von der Hochzeit von Kanaa, das Heilige Blut Christi und die Kirchenschätze. Als ihm am Ende das bedeutendste Heiltum gezeigt werden sollte, der Markusschrein mit seinen Gebeinen, da besah Barbo den Schrein von außen und sah den hl. Markus im Relief mit den Löwen, sah die Szene auf dem Schrein wo der Venezianer die Echtheit der Reliquie mit dem Kesselfang beschwor, sah auch die vier Markuslöwen die den Schrein stützten, sah vielleicht auch den geflügelten Markuslöwen am Giebel vom Eingang zur Altarkammer des ehemaligen Hochaltares.

Da hatte er genug gesehen und brüskierte den Abt mit einem Affront sondersgleichen, indem er plötzlich kein weiteres Interesse an den Gebeinen mehr zeigte und diese gar nicht mehr sehen wollte. Eine andere Quelle sagt, dass Barbo die Gebeine zwar sehen wollte, dann aber einfach fortging bevor der Schrein offenstand.

---

27 siehe Dr. O. Roller: Die Münzen der Abtei Reichenau. in: Die Kunst der Reichenau Bd. 1. S. 540

Beide Versionen verbindet das für einen gebürtigen Venezianer und als Kardinal von San Marco Evangelista al Campidoglio – der römischen Regionalkirche Venedigs – amtierenden, päpstlichen Legaten doch bemerkenswerte Desinteresse an den Gebeinen des Hl. Evangelisten Markus: die Ausschlagung der offenbar nur Besuchern höchsten Ranges gestatteten, außergewöhnlichen Ehre, diese persönlich in Augenschein nehmen und dabei gar berühren zu dürfen. [Bock]

Bild: Markuslöwe, Giebelfeld über der Tür zur Altarkammer von Reichenau-Mittelzell, 1477.

Man erkennt deutlich die Gemütslage des Kardinals, und auch Venedigs. Der Affront sollte den Reichenauern zu verstehen geben, was Venedig vom aufflammenden Markuskult hielt und ist als eine Art Warnung zu verstehen. Aber die Reichenauer waren nicht feinfühlig genug um das zu erkennen.

Als der Konstanzer Bürger Konrad Grünenberg im Jahr 1486 eine Wallfahrt nach Jerusalem machte, da kam er auch durch Venedig und beschrieb ausführlich die venezianischen Kirchen und deren Reliqien, Kirchenschätze und Ausstattungen. Das höchste Heiligtum, die Reliquie des hl. Markus erwähnt Grünenberg in seinem Bericht nicht.

Sechs Jahre später, am 5. September 1492, kam eine mehrköpfige Besuchergruppe aus Venedig, von Straßburg kommend, auf der Reichenau an. Die Gruppe hatte sich in Straßburg mit Kaiser Ferdinand getroffen und war auf dem Rückweg nach Venedig. Durch den Bericht des mitreisenden

20-jährigen Andrea de Franceschi wissen wir, wie es den Reisenden auf der Reichenau erging. Ihnen wurden viele Reliquien von Heiligen gezeigt und besonders ein Kasten aus Silber, geschmückt mit Steinen und Edelsteinen, und andere ähnliche Kassetten aus Silber mit Heiligen darinnen. Da waren auch Reliquien von den Dornen Christi, vom Kreuzesholze und dem Blut Christi, von der Milch der Jungfrau Maria, der Leichnam des hl. Fortunatus, Gebeine des hl. Stephan, Isidor, Johannes und Paulus und viele schöne Devotionskreuze mit wertvollen Steinen und Karneolen von höchster Schönheit.

Franceschi erwähnt jedoch in seinem Bericht den Kana-Krug, den Smaragd und auch die hochheilige Markusreliquie mit keinem Wort, was hinsichtlich des Sachverhaltes, dass es sich um eine aus Venedig stammende Besuchergruppe handelte, umso auffallender erscheint.

Der Dominikaner und Forscher Felix Fabri (+1502) stellte die Echtheit der Markusreliquie in Frage: es muss entweder zwei Markusse gegeben haben, oder Markus muss zwei Körper gehabt haben.

Andererseits scheint es in dieser Frage nie zu einer echten Kontroverse im Sinne einer
anhaltenden oder immer wieder belebten Debatte zwischen Vertretern Venedigs und solchen der Reichenau gekommen zu sein, wie die Bemerkungen verschiedener Autoren des 17. und 18. Jahrhunderts nahelegen. [Bock].

Worüber hätten sie diskutieren sollen? Beide wussten ja, dass beide Reliquien unecht waren, und jeder wusste, dass der andere das auch wusste.

Der Reichenau hat die Neubelebung des Markuskults Ende des 15. Jahrhunderts ganz offensichtlich keinen Nutzen gebracht. Im Gegenteil: wenige Jahre später, im Jahr 1508, waren wieder nur zwei einsame Mönche in der Abtei. Mit welchen Mitteln Venedig jedoch den neuerlichen Niedergang der Inselabtei zuwege gebracht hat, das wissen wir nicht.

Die Villikation Göggingen

Eine Villikation ist eine herrschaftlich angeordnete Form des Zusammenlebens im frühmittelalterlichen Dorf. Eine echte Villikation ist gekennzeichnet durch folgende Merkmale:

- Eine Institution oder ein Herrscher hat die sogenannte Grundherrschaft inne, d.h die Institution wird auf der Gemarkung des Dorfes als Obrigkeit anerkannt. Dieser Grundherr bestimmt über Rechte, Pflichten, Gesetze, Strafen und Abgaben.
- Aller Immobilienbesitz des Dorfes gehört diesem Grundherrn, dieser Institution, z.B. einem Kloster.
- Die Institution, im Folgenden Kloster genannt, kann Recht sprechen und kann bestrafen.
- Die Bauern sind hörig, d.h. sie arbeiten nicht auf eigene Rechnung, haben keine Entscheidungsgewalt, sondern arbeiten auf Anweisung.
- Eine Villikation ist autark, es müssen deswegen außer den Bauern auch Handwerker in ihr leben.
- Alle Erträge gehen in einen gemeinsamen Topf, wovon dann das Kloster den Überschuss abgreift.
- Das Kloster propagiert eine Dorfgemeinschaft, eine sogenannte familia.
- Notleidenden Bewohnern wird Hilfe gewährt.
- Eine Villikation beruht nicht auf Freiwilligkeit seiner Einwohner sondern auf Zwang.
- Der Grundherr wohnt nicht persönlich im Dorf sondern ernennt einen lokalen Verwalter.

Zuerst war das Kloster da, dann kam die Villikation.

Die Villikation ist eine völlig neue Form des Wirtschaftens und Zusammenlebens. Zuvor in der Antike gab es solches nicht. In römischer Zeit unterlagen die Höfe einer zu leistenden jährlichen Abgabe, und wie der Hofbesitzer diese Abgabe erwirtschaftete, war seine eigene Sache. Der Verwaltungsaufwand war dazu groß, denn jeder Hof musste einzeln erfasst und abgerechnet werden. Später, als im Mittelalter die Villikation zerfiel und die Erträge der Bauern dann nicht mehr in einen gemeinsamen Topf gingen, wurde dann wie zuvor in der Antike wieder auf die Abgabenwirtschaft umgestellt, die sich als stabiler und praktischer erwiesen hat.

Die Villikation war also nur ein kurzes Intermezzo im frühen MIttelalter, ein Versuch über die Schaffung kleiner kommunistischer Wirtschaftseinheiten den Verwaltungsaufwand gering zu halten.

Insbesondere die Klöster müssen die Villikation als ideale Form des Zusammenlebens angesehen haben, man denke an den hl. Benedikt und seine Regeln des Zusammenlebens der Mönche. Die Idee der Villikation ist diesen Regeln nachempfunden.

Grundherr kann es in einem Ort eigentlich nur einen geben, aber im Ort gibt es viele Höfe, die alle verschiedene Eigentümer haben können. Es war die Idee einer Villikation diese Zersplitterung der Eigentums zu unterbinden, sie ist aber an dieser Aufgabe schnell gescheitert.

Der entscheidene Punkt einer Villikation ist natürlich: mit welchem Recht konnte eine Villikation errichtet werden. Wer gab dem Grundherren das Recht auf ein Dorf. Man sagt ein Großer, ein Kaiser oder Graf. Das ist vorstellbar. Aber noch interessanter ist: wie wurden die Häuser und Felder der Bauern enteignet. Immerhin waren die germanischen Bauern der Völkerwanderungszeit noch frei oder wurden zumindest immer so bezeichnet.

Wie kamen die Adeligen zum persönlichen Eigentum der Bauern einer Villikation. Ein Herrscher kann ja wohl die

Grundherrschaft beanspruchen, aber nicht privates Eigentum. Leider schweigen die Quellen zu diesen Punkten.

Eine Villikation leidet an verschiedenen Dingen: Hörigkeit und Unfreiwilligkeit machen uneffektiv. Häuser und Güter zerfallen wenn sie dem Bauern nicht gehören und der Eigentümer nicht darin wohnt.

Schon früh wurden einzelne Höfe einer Villikation verkauft, dadurch gab es zunehmend Höfe, die anders wirtschafteten, die nichts in einen gemeinsamen Topf abgaben, die sich außerhalb der Villikations-Hausgemeinschaft stellen konnten, deren erbrachte höhere Leistung sich in Form von höherem Wohlstand zeigte.

Als dann schon früh immer mehr Höfe aus der Villikation quasi herausgeschnitten wurden, begann die Villikation schnell zu zerfallen. Das beschleunigte sich dann, als die ersten Städte gegründet wurden, also ab etwa 1120. Die Bauern einer Villikation flohen regelrecht in die umliegenden Städte um der kommunistischen Villikations-Unfreiheit zu entkommen. Damit war die Wirtschaftsform der Villikation am Ende, der "gemeinsame Topf" wurde abgeschafft und es begann die Abgabenwirtschaft. Jedes Haus wurde sodann individuell mit einer jährlichen Abgabe belegt, die an den jeweiligen Eigentümer zu leisten war.

Man sieht, dass für das Bestehen einer echten Villikation immer alle obigen Merkmale zugleich erfüllt sein müssen. Die sich bildenden Villikations-Mischformen mit teilweise privatem Immobilieneigentum waren nicht von langer Dauer, sondern brachten die Villikations-Verfassung schnell an ihr Ende.

Auch der politische Sozialismus im 20. Jahrhundert konnte ja nur zum Kommunismus werden wenn alle Länder gleichgeschaltet waren, kein Land durfte noch kapitalistisch sein, es sollte keine Zufluchtsmöglichkeit mehr geben. So sahen es zumindest die Marxisten selber in ihrer eigenen Theorie.

Die Idee der Villikation scheiterte jedenfalls, ähnlich wie der Kommunismus, an ihrer eigenen Ideologie, die mit der Wirklichkeit nicht übereinstimmte.

Man darf mit Fug und Recht annehmen, dass Göggingen einst eine Reichenauer Villikation war. Man sieht es in der Diethelmurkunde vom Jahr 1202, wo ein "Bertoldus villicus de gegingen" aufgeführt wird. Und auch in der Reichenauer Walafriedurkunde, die im Zeitraum 1142 bis 1165 geschrieben wurde, lesen wir den Ortsnamen "gecgingen". Man hätte gerade in dieser Urkunde, wegen der Gögginger Ortsgröße, mehr aufgeführte, ans Kloster zu leistende, Abgaben erwarten können, aber diese Urkunde ist ja eine von den vielen Reichenauer Urkundenfälschungen, deren Inhalt ohnehin erdichtet wurde.

Man sieht die Verbindung zur Reichenau vielleicht noch am Flurnamen Auerrain und sieht es sicher am wohl größten und ältesten Gebäude in der Ortsmitte, der heutigen Wirtschaft Adler, die einst in Reichenauer Zeiten ein Herrenhaus war.

Man sieht es jedenfalls auch an einer Vielzahl von Lehensurkunden ab der zweiten Hälfte des 14. Jahrhunderts, als die Äbte Brandis, Pfuser usw. verschiedenen Gögginger Bauern Lehengut verliehen. Und noch deutlicher sieht man es an den großen Güterverkäufen des 14. und 15. Jahrhunderts, als die Höfe der einstigen Villikation im großen Ausmaß an Stiftungen, reiche Städter, Privatleute, Ritter, Junker und andere niedere Adelige der Umgebung verkauft wurden.

Das Gögginger Dorfbuch [=GD] schreibt über die Anfänge der Villikation:

> Es muß ein Großer hinter der Schenkung von Göggingen stehen, denn die hier vergabten Höfe und Güter waren im Gegensatz zur Umgebung so umfangreich, daß

Göggingen eine Villikation wurde, d. h. daß eine Reichenauer Gutsverwaltung hier eingerichtet wurde und der Reichenauer Kelnhof Dingstätte war. Göggingen unterstand der Grundherrschaft der Reichsabtei Reichenau und wurde verwaltet vom Villicus oder Meier, und diesem unterstand der Cellerar oder Kellermeister. Die zur Villikation gehörigen Bauern standen als Hofjüngerschaft unter der Führung des Kelnhofmeiers. [GD S.14]

Leider gibt es für Göggingen keine Lehensurkunden vor etwa 1350, denn Abt Brandis hat angeblich alle diese Urkunden verbrannt, so schreibt es zumindest Gallus Öheim im frühen 16. Jahrhundert.

Aus dem was man also rekonstruieren kann, hatte Reichenau die Grundherrschaft über Göggingen, und hatte Besitz- oder Eigentumrechte sowie die niedere Gerichtsbarkeit. Es ist vom Umfang dieser Besitzes her sehr wahrscheinlich, dass Göggingen einst eine echte Villikation war, d.h. es gab damals kein privates Immobilieneigentum der Bauern. Es ist wie gesagt unklar, wie man die Bauern enteignen konnte, wo doch Recht und Verträge im ganzen Mittelalter hindurch so eine überragende und bindende Bedeutung hatten.

Von der Entstehung der Gögginger Villikation ist kaum etwas bekannt, wohl aber von der allmählichen Auflösung derselben. Lassen wir das Gögginger Dorfbuch sprechen:

Je mehr die Macht und Wohlhabenheit der Abtei im Lauf des Mittelalters zurückging, desto einflußreicher und unabhängiger wurden diese Dienstmannen des Klosters, die sich immer mehr an Besitz und Rechten aneignen konnten im Maß wie das Kloster verlor an Eigentum und Einfluß, bis sie die eigentlichen Herren der Villikation wurden und ihr Dienstverhältnis zum Kloster sich wandelte zu ritterlicher Gefolgschaft bei Fehden und Kriegszügen oder Italienfahrten des Kaisers, zu denen das Kloster gewappnete Reiter (Ritter) und Mannschaft stellen mußte. Aus dem Villicus ist so der Ministeriale geworden, der Edelknecht, Dienstadelige, Ritter oder Junker. [GD S.14]

Ein bäuerlicher Villicus kann nicht "einfach so" ein Adeliger oder Junker werden. Die Ständeordnung im Mittelalter war undurchlässig und erlaubte einen solchen sozialen Aufstieg nicht.

Nach den Edlen von Geggingen kamen [um 1300] die Ritter von Hohenfels in den Besitz unseres Dorfes. Der einstige geschlossene Reichenauer Grundbesitz der Villikation Göggingen war damals schon zerrissen und in verschiedene Hände geraten. [GD S.16]

Von unserer Mühle in Göggingen hören wir schon aus dem Jahre 1330. Grundherr und Besitzer war das Kloster Reichenau. Als das Inselkloster wirtschaftlich niederging, fiel die Mühle erst an die ortsansässigen Reichenauer Ministerialen, die Maier von Geggingen, und von diesen kamen Dorf und Mühle in den Besitz der Herren von Hohenfels. [GD S.153]

Das Wirtshaus Adler ist offenbar ehedem der Sitz des Meiers von Göggingen gewesen, also ursprünglich das Verwaltungsgebäude der Reichenauer Villikation, des klösterlichen Grundbesitzes in Göggingen. Nachdem dann die Meier von Geggingen die eigentlichen Besitzer des Dorfes geworden waren, diente das Haus diesen Dienstadeligen (Ministerialen) als Herrenhaus. Auch Lage und Bau zeigen das alte Herrenhaus an. [GD S.189]

Man darf annehmen dass die Ministerialen nicht "einfach so" in den Besitz von Immobilien des Dorfes kamen, sondern diesen Besitz von ihren adeligen Klosterherren abkauften. Es ist ausgeschlossen, dass sich im Mittelalter ein Bauer, Ministeriale oder unbedeutender Junker an einem Klostereigentum vergreifen konnte.

Es ist urkundlich belegbar, daß Nutznießer der Verluste Reichenaus deren Ministerialen gewesen sind. Das verarmte Kloster hatte die Macht nicht mehr, sich der Begehrlichkeit seiner Ritter und Freibauern, die als Verwalter auf den Reichenauer Kelnhöfen und Hofgütern saßen, zu erwehren, und so rückten diese Dienstmannen der Grundherrschaft in großer Zahl auf zu Rittern und Ministerialen, in deren Hände Lehen, Zehnt und andere Rechte des Klosters übergingen. [GD S.224]

Dienstmannen und Bauern konnten nicht zu Rittern und Ministerialen aufsteigen.

Im Falle Göggingen zeigt uns der Besitz der Gögginger Villicusfamilie noch im Jahre 1330 diesen Übergang von reichenauischem Gut in Privatbesitz, und es ist kein Zweifel, daß die Herren von Hohenfels ihren großen Besitz in Göggingen in der Zeit um 1300 ebenfalls aus ursprünglichem Klostergut zusammengebracht haben. [GD S.136]

Auf der Suche nach dem, der Göggingen zur Reichenau gebracht hat, stößt man auf die Grafen von Pfullendorf:

Von den dort mächtigen Grafengeschlechtern ist das der Grafen von Heiligenberg und ihrer Nachfolger, der Grafen von Werdenberg (seit 1298) auf der Reichenau nicht nachzuweisen, wohl aber die der von Nellenburg und von

Pfullendorf. Jenes 1105 ausgestorbene Geschlecht lieferte den ältesten Mönch und Abt, den wir nach seinem Geschlechte nennen, den Abt Eckehard (1071 bis 1088), das folgende Geschlecht (Nellenburg-Veringen) ist unvertreten. Von den Pfullendorfern (nach 1180 ausgestorben) stammte der [in Tuttlingen totgeschlagene] Abt Ludwig (1131—1135).
[Schulte S. 558]

Es scheint also so zu sein, dass das Dorf Göggingen durch den Pfullendorfer Grafen Rudolf von Pfullendorf (1100-1181), oder wohl schon durch einen seiner Vorgänger, in den Besitz der Reichenau kam. Das geschah im 11. Jahrhundert. Der Stammsitz Rudolfs war die Burg Ramsberg bei Großschönach, die 1409 an das Überlinger Spital verkauft wurde. Rudolfs einziger Sohn Berthold (* um 1150) starb 1167 beim vierten Italienfeldzug von Kaiser Barbarossa.
Diese Pfullendorfer Grafen und ihre Nachkommen in direkter und indirekter Linie wohnten aber niemals im Dorf, sondern standesgemäß in einer Stadt oder einer Burg, und ließen das Dorf Göggingen von einem unfreien Ministerialen (villicus) verwalten. Vieles spricht also dafür, dass die Burg Ramsberg einstmals die Grundherrschaft über Göggingen besaß.

Auch das Gögginger Dorfbuch sieht Verbindungen zu Pfullendorf und Überlingen:
> Es ist sehr wahrscheinlich, dass das Geschlecht derer von Geggingen um etwa 1300 seine Urheimat verlassen und sich in zwei getrennten Familienzweigen in Überlingen und Pfullendorf niedergelassen hat. Denn im Jahr 1330 verhandeln Pfullendorfer Patrizier ein Hofgut zu Göggingen, das sie Werners des Geggingers Gut nennen.

Aber man kann, entgegen der Aussage des Dorfbuchs

vermuten, dass die "von Geggingen" schon lange oder schon immer in Pfullendorf wohnten und einer Seitenlinie des Grafen von Pfullendorf angehörten.

Nach dem Aussterben der Pfullendorfer in männlicher Linie wurde Göggingen später an die Hohenfelser verkauft, was demgemäß bedeuten würde, dass Reichenau nicht über den Gögginger Besitz verfügen konnte, sondern viele Eigentums- und Grundrechte stets bei den Pfullendorfern verblieben waren. Als die Zahl der hochadeligen Mönche im 12. Jahrhundert stark abnahm, da verarmte das Kloster weil die Adelsfamilien ihr Eigentum teilweise von der Reichenau zurückholten.

Noch später ging dann zunehmend jeder verbliebene Rest-Einfluss der Reichenau verloren und wurde fast bedeutungslos:

Anno 1446 finden wir den Hauptteil des Reichenauischen Grundbesitzes zu Göggingen in den Händen der adeligen Herren Albrecht und Ortolf von Heudorf, die diesen Besitz zu Lehen tragen vom Kloster Reichenau, aber frei darüber verfügen, als sie diese Güter am 1. Juli 1446 verkaufen an Überlinger Patrizier. Daß es sich bei diesem Verkauf um das Kernstück der Reichenauer Villikation handelt, wird sichtbar aus der Tatsache, daß unter den verkauften Gütern sowohl der Kelnhof als auch die Mühle und die Landgarbscheuer aufgeführt sind. Es sind im ganzen 17 Güter, die mit den Namen ihrer Lehenbauern genannt werden. Dabei ist es für die Bedeutungslosigkeit ihrer reichenauischen Herkunft bezeichnend, daß auf eine Einwilligung dieses obersten Lehensherrn kein Wort hinweist. [GD S.137]

Auf die Einwilligung des obersten Lehensherrn wies in der Verkaufsurkunde also kein Wort hin.
Kein Lehensnehmer konnte aber damals Eigentum des

Lehensherrn in die eigene Tasche verkaufen, so wie auch heute kein Pächter den Hof seines Verpächters verkaufen kann, und kein Mieter die Wohnung des Vermieters. Wir müssen deshalb zwingend annehmen dass die verkauften Immobilien das Eigentum des Verkäufers waren und nicht das Eigentum der Reichenau.

> Die Verwalter der Villikation Göggingen des Klosters Reichenau in der Zeit der Karolinger (um 800) waren freie Bauern, die auf dem Reichenauer Klostergutshof (Kelnhof) saßen. Anfangs war wohl ein Mönch als Verwalter in Göggingen, bis der Beschluß einer Äbte-Synode anno 816 dies verbot und verlangte, daß für dieses Amt freie Bauern als Klostermaier auf den klösterlichen Gutshöfen walteten. [GD S.14]

Es dürfte anders gewesen sein: die Synode 816 in Aachen hat nie stattgefunden und die Beschlüsse, in denen es hauptsächlich um die alleinige Annahme der Regeln des Benedikt geht, sind frei erfunden. Sie sind spätere Erfindungen aus einer Zeit als die Villikation schon arg im Niedergang begriffen war, also im 12. Jahrhundert. Den Klöstern war es zu unbequem und zu unsicher geworden, dass ihre eigenen hochadeligen Mönche die Verwalter in den Villikationen waren. Man wollte sie loswerden und durch Bauern oder Ministeriale ersetzen, deswegen dürften diese angeblichen synodalen Beschlüsse erfunden worden sein.
Der Betrug zeigte aber keine Wirkung, denn als die Villikation noch lebendig war, da waren niemals Bauern deren Verwalter. Das würde auch wenig Sinn machen. Erst viel später, als die Villikation zerrissen war, als sie in viele verschiedene Eigentümer aufgeteilt war, als nicht mehr in einen gemeinsamen Topf gewirtschaftet wurde, da gab es dann am Ende auch Freibauern als Verwalter, die Vorläufer der Schultheißen.

Von dem großen ursprünglichen Reichenauer Besitz finden wir im Gögginger Urbar des Jahres 1686 nur noch 8 Güter, die reichenauisch sind und von dort empfangen werden müssen. [GD S.140]

Im Jahr 1744 wurde ein Gögginger Urbar erstellt, und die Vermessungskosten wurden an die Eigentümer gemäß derem Eigentumsanteil aufgeteilt. Es sind 22 Parteien die Eigentum in Göggingen hatten, von denen einige hier aufgelistet sind:
Die Untertanen 37%
Gnädige Herrschaft (Fürstenberg) 21%
Gemeinde Göggingen 15%
Das Gotteshaus Wald 8%
Pfarr Göggingen 4,5%
Die Frühmesspfründ Meßkirch 4,5%
St. Elisabeth Überlingen 4,5%
Beinhauspfründ Pfullendorf 1,3%
Das Gotteshaus Reichenau 1,2%
Der Heilige zu Göggingen 1%
Pfarr Meßkirch 0,5%
Vom einstigen umfassenden Reichenauer Besitz in Göggingen sind bis 1744 also nur noch 1,2% übriggeblieben.

Man sagt oft: das Kloster wurde schwach und wegen dieser Schwäche haben sich die Ministerialen daraufhin am Klostergut vergriffen. Aber es scheint eher so zu sein, dass viele hochadelige Klosterbrüder wegen der dortigen unmöglichen Verhältnisse ab dem 12./13. Jahrhundert aus dem Kloster austraten, beim Austritt die Güter ihrer Familie zurückforderten, die sie oft schon vor langer Zeit der Reichenau zur wirtschaftlichen Nutzung "verpachtet" hatten, und eben deshalb dann das Kloster verarmte.
Die Sündlos-Au wurde zur Reichen-Au, dann zur Sünden-Au, und dann zur Armen-Au.

Oben und unten: St. Markus Mittelzell. Mitte: St. Georg Oberzell mit den 1000 Jahre alten Wandmalereien.

Die Reichenauer Fälscherwerkstatt

Dass die Reichenau im 12. Jahrhundert eine Fälscherwerkstatt unterhielt, ist nicht neu. Das haben Forscher schon vor 150 Jahren herausgefunden. Es entstanden etwa um das Jahr 1150 dutzende fabrizierter Urkunden im Skriptorium der Reichenau, die dann teilweise auch zur Vorlage wurden für andere Klöster, von denen sehr viele ebenfalls Fälschereien betrieben. Fast immer war damit die Erlangung irgendeines Vorteils verbunden, indem man auf alte Besitzrechte verwies, die das Kloster in vergangenen Jahrhunderten angeblich gehabt hatte.

Man erkennt zweierlei: einmal den absoluten Glauben, die die betroffenenen Dörfer einem beschriebenen Pergament entgegen brachten. Der Respekt wirkte jedoch eben nur bei den ungebildeten Bauerndörflern, wo niemand schreiben konnte und wo sich keiner juristisch wehren konnte; aber in Städten wie Ulm gab es Juristen und Ratsherrn, die eine solche Fabrikation sofort anzweifelten und dagegen vorgingen, wie es die Ulmer gegenüber der Reichenau ja auch taten.

Gegenüber Bischöfen und Königen war das Fälschen hingegen ohne direkte Wirkung, da diese um die Fälschungspraxis Bescheid wussten und ja selber fälschten. Hier kam es darauf an, besonders gut und glaubhaft zu fälschen.

Zum anderen sehen wir, dass das Mittelalter kein rechtsfreier Raum war. Im Gegenteil: man zieht einen jahrhundertealten Vertrag heraus und der Gegner kann diesen nicht wegen des hohen Alters einfach ablehnen. Verträge galten, egal wie alt sie waren. Im Prinzip ist das heute noch so.

Auch die berühmteste und größte Fälschung der Weltgeschichte, die konstantinische Schenkung, zeigte jahrhundertelang Wirkung, indem sie den Päpsten fälschlicherweise einen Kirchenstaat, -"halb Italien" und damit eine weltliche Macht zugestand, die diese "Stellvertreter Gottes" bis ins 19. Jahrhundert für ihre Machtpolitik nutzen konnten. Dem Fälscher dieser angeblichen Schenkung, die wohl im 11. Jahrhundert erfunden wurde, unterlief dabei allerdings ein schwerer Fehler indem er Byzanz als Konstantinopel bezeichnete, was aber für das frühe 4. Jahrhundert noch absolut unüblich war. Denn im Jahr 330 wurde Byzanz zunächst in Nova Roma umbenannt, und erhielt erst nach Konstantins Tod im Jahr 337 den Namen Konstantinopel.

Alle Forscher nehmen an, dass die Erstellung von falschen Urkunden dem Fälscher irgendwelche Vorteile gebracht hat. Warum sonst hätte er sich die Mühe machen sollen und sich und seinem Kloster den Vorwurf der Unseriosität aussetzen sollen. Allerdings waren die Gegner, denen mit den Fälschungen ein Schaden zugefügt werden sollte, misstrauisch und hatten Berater und Juristen die verdächtige Besitzansprüche natürlich sofort vor Gericht brachten.
Dass verschiedene Reichenauer Fälschungen dem Kloster hingegen keinen Vorteil brachten, sondern sogar mit der Absicht erstellt wurden, dem Kloster zu schaden, das werden wir beim Betrachten der Gögginger Urkunden genauer erkennen.

Der Gegner der Reichenau war oberflächlich gesehen das Bistum Konstanz, das sich die Inselabtei einverleiben wollte. Mit welchem Recht, das wissen wir nicht. Doch immerhin sind sicherlich die meisten Klöster aus einem Bistum hervorgegangen, d.h. sie sind eine Gründung des Bistums, im Falle der Reichenau wohl eine Gründung des Bistums Konstanz. Man darf also legitime, aber nicht nachweisbare Rechte des Bistums am Inselkloster vermuten.
Die zu Reichtum gekommene Insel erzeugte dann Begehrlichkeiten in Konstanz. Die Lage wurde dadurch kompliziert, dass der externe Besitz des Klosters wahrscheinlich gar nicht dessen Eigentum war, sondern den Klosterherren gehörte.
Die Einverleibung nach Konstanz hätte das Aus bedeutet für das klösterliche Geschäftsmodell: Reichtum des Klosters gegen

Klosterherren, die ein Herrenleben führen durften. Eine Einverleibung hätte das Kloster sofort verarmt.

In den Jahren zwischen etwa 1080 und 1122 tobte in Deutschland der Investiturstreit. Kaiser und Kirche kämpften um unklare Besitzansprüche. Wem gehörten die Kloster, wem gehörten die externen Besitzungen der Klöster, welche Rechtsprechung sollte dort gelten? Da die Klöster auf Reichsgebiet lagen, sollte dort auch kaiserliches Recht gelten, und kaiserliche Vögte sollten Recht sprechen. Diese Rechtsprechung durch die Vögte blieb noch sehr lange ungeklärt.

Aber zumindest der Streit um die Eigentumsverhältnisse konnte im Jahr 1122 beim Wormser Konkordat beigelegt werden: Eigentum, von dem die Kirche nachweisen konnte, dass es ihr in der Vergangenheit geschenkt wurde, durfte bei der Kirche oder dem Kloster verbleiben. Und auch ehemaliges Frauengut blieb unangetastet und schied somit aus dem Reichsvermögen aus.

Die Tinte im Konkordatstext war kaum trocken, da begannen sofort die ersten Fälschungen, die Schenkungen in grauer Vorzeit belegen sollten. Regelmäßig wurde beurkundet, dass irgendein erfundener Kaiser, Graf oder Fürst dies oder das vor langer Zeit dem Kloster geschenkt habe. Oder, seltener, dass irgendeine erfundene Frau das Kloster vor langer Zeit einmal besessen habe.

Gerhard Anwander hat das näher untersucht anhand des Klosters Neustadt am Main, das sich gegen die Einverleibung durch den Bischof von Würzburg wehrte:

> ... Dazu werden Personen eigens ganz neu erfunden, wie hier eine Schwester Karls des Großen. Oder es werden erfundene Personen wie Pippin, Megingaud, Karl der Große, Graf Hatto als Stifter bemüht. Prominente und ebenfalls erfundene Heilige wie Bonifatius und Willibald

dürfen die fiktive Gründungsfeier des Klosters verzieren, um das Kloster aufzuwerten; und auch reale Personen wie Otto III. werden benutzt, indem man ihnen Urkunden andichtet — letzteres vermutlich ein Auftrag der Würzburger Bischöfe an Wibald von Stablo in Freising. Wenn dann die Urkundenfälschungsschlacht im Patt endet, weil beide Parteien über gleich gute Kreativskriptorien verfügen, dann gewinnt eben der, der über Truppen verfügt und dem anderen das Archiv ausräumt. [Anwander S. 692]

Man ist geneigt, eine solche Archivausräumung auch bei der Reichenau anzunehmen, denn deren Archiv wurde tatsächlich vernichtet; man weiß jedoch nicht, wann das geschah.

Arno Borst verharmlost die damaligen Beweggründe:
Weil Reichenau die in Reformklöstern geschaffenen Instrumente genauer Bestätigungsurkunden und umfassender Güterverzeichnisse nicht besaß, mußte sich das Inselkloster die Rechtsgrundlagen zu Anfang des zwölften Jahrhunderts durch Urkundenfälschungen beschaffen, nicht nur für Reichenau selbst, auch für andere Klöster, die ähnlich gefährdet waren, Buchau, Lindau, Stein, Rheinau, Einsiedeln. [Borst S.175]

Reichenau habe also aus irgendeinem Grund keine Besitzurkunden angelegt gehabt und musste (!) sich solche Rechte und Urkunden "beschaffen".
Borst sieht das mit seiner rührseligen Voreingenommenheit nicht richtig: man kann durch Fälschungen kein Recht und keine Rechtsgrundlage schaffen!

Die Taktik der Reichenau im ständigen Kampf gegen den Bischof war es stets, reichsunmittelbar zu werden, d.h. es wollte nur dem Kaiser und seinem Recht untertan sein.

Im Kloster Reichenau kam der Versuch hinzu, sich von Weihegewalt und Gerichtsbarkeit des Konstanzer Bischofs zu lösen; Reichenau wollte sich nach Art von Cluny dem Papst unmittelbar unterstellen. [Borst S.175]

Dabei kämpfte die Abtei an mehreren Fronten: sie wollte sich dem Kaiser unterstellen, - aber ohne Eigentum und Rechte an diesen zu verlieren. Sie streckte auch die Fühler zum Papst aus und erkannte aber schnell die Gefahr, dass der Papst die Abtei dem Bistum zuteilen könnte. Reichenau war in einer schwierigen Lage, in einem Krieg mit dreifacher Front. Dabei war die Hauptfront, sich nicht dem Bistum Konstanz inkorporieren zu müssen.

Für die Ortschaft Göggingen gibt es vier Urkunden aus dieser Zeit:
- Die Richboldurkunde vom Jahr 760
- Die Vogturkunde vom Jahr 811
- Die Walafriedurkunde vom Jahr 843
- und die Diethelmurkunde vom Jahr 1202

Die Richboldurkunde
Ich, Richbold, übergebe der heiligen Kirche, die zu Ehren des hl. Leodegar im Dorf Elsass erbaut wurde wo Baldobert präsidiert, und ich will, dass das Haus selbst zum Eigentum wird, ebenso wie in Alemannia, in dem Ort namens **Cachinga**, der über der Donau liegt, [*in villa que dicitur Cachinga sitas super Danubium fluvium*] als auch in dem Ort namens Zozihuhus und in Chresinga, das Eigentum das ich an genau den Orten hatte, die ich für die Seele meines deutschen Bruders Welponi gegeben habe, das heißt, alle Wiesen, Hütten und Herrenhäuser, mit Gewässern, Wasserbächen, Geld, Tieren beiderlei Geschlechts, bewegliche und unbewegliche

Güter ... Murbach den 8. August, im Jahr 9 unter unserem Herrn Pipinus dem König.

Lange Zeit wurde mit dem Ortsnamen Cachinga das Dorf Göggingen identifiziert. Aber schon die Mainauvorträge aus dem Jahr 1952 machen plausibel, dass Göggingen damit nicht gemeint sein kann:

> Viel besser paßt der Name der Wüstung Zuzelhausen auf Markung Gächingen, Kreis Münsingen, da doppeltes z vorliegt. Man könnte sogar eine Verschreibung für richtiges „Zuziluhus" annehmen. Damit wird aber auch klar, daß mit Cachinga das benachbarte Gächingen gemeint ist. Die lautliche Entwicklung von Cachinga zu Gächingen ist besser denkbar, als die von Cachinga zu Göggingen, Kreis Stockach, das man bisher für diesen Namen in Anspruch genommen hat. Außerdem liegt weder Göggingen noch Gächingen an der Donau, wo überhaupt kein entsprechender Ortsname gefunden werden kann. Dafür liegt aber Gächingen oben auf der Alb, also in diesem Sinne „super Danubium fluvium", während man Göggingen, von der Donau aus gesehen, kaum als oberhalb gelegen bezeichnen kann. Aus allen diesen Gründen darf die Deutung der drei Ortsnamen auf Gächingen, abgegangenes Zuzelhausen bei Gächingen und Griesingen als berechtigt angesehen werden. [Grundfragen der alemannischen Geschichte. Mainauvorträge 1952. S. 118. Jan Thorbecke Verlag]

Die Richboldurkunde definiert also die Besitzansprüche des Klosters Murbach im Elsaß, das ein Tochterkoster von Reichenau war. Richbold ist ein erfundener Graf aus dem Breisgau, und einzig rätselhaft an der Urkunde ist nach wie vor die geografische Angabe "sitas super danubium fluvium - an der oberen Donau gelegen, oder: über der Donau gelegen. Weder Gächingen noch Göggingen liegen an der Donau. Zugegeben,

Göggingen liegt nur 8km von ihr entfernt. Die Urkunde scheint sehr alt zu sein, also wohl vom 11. Jahrhundert stammend.

Das Wort Cachinga in dieser Urkunde dürfte jedenfalls mit sehr hoher Wahrscheinlichkeit nicht Göggingen bedeuten.

Die Vogturkunde

Der folgende Text gibt uns einen Eindruck von dieser Urkunde. Er ist keine wörtliche Übersetzung sondern gibt das Wesentliche in heutiger Sprache wieder:

Worms, 811. April 6.

„Im heiligen Namen der Dreifaltigkeit. Karl, durch die göttliche Gunst der Gnade, Kaiser Augustus. Da der Herr uns zum Fürsten und Verteidiger der Kirchen gemacht hat, müssen wir, damit wir ihm nicht undankbar erscheinen, ihm dienen, die Kirchen vermehren und verteidigen ...

Darum lass es allen Gläubigen wissen, wie der ehrwürdige Hatto, der Abt des Klosters namens Sincleczesowa, zum Kaiser ging und sich traurig beklagte: nämlich die meisten Vögte, die die Rechte der Kirche vertreten sollten, missbrauchten dieses Recht, sodass diejenigen, die Verteidiger hätten sein sollen, schamlos zu räuberischen und schädlichen Vollstreckern wurden ...

Deshalb, wann immer diese Vögte ihre Pflichten verletzen, sei es bei Sachen oder bei Menschen, so sollen diese unverzüglich, und ohne weiteres Gerichtsverfahren, ihr Vogtamt verlieren ...

Der Vogt soll den dritten Teil seiner Einnahmen für sich behalten und zwei Drittel an den Abt bezahlen, und er darf keinen weiteren Vogt ohne Erlaubnis des Abtes bestellen.

Kein Vogt soll auf der Insel Recht sprechen dürfen ohne Bitte des Abtes....

Wir haben zu diesem Zweck drei Orte außerhalb der Insel bestimmt, an denen wir dem Vogt eine jährliche Versammlung gewähren: zu **Geggingen**, Ermatingen und Wollmatingen.

Jedem dieser drei Orte werden im Jahr fünf Malter für Brot gegeben.
Der Vogt darf in keiner Weise gegen den Willen des Abtes plädieren, darf keinen Diener des Hauses Gottes ohne die Zustimmung des Abtes oder seine Zustimmung zu einem Prozess zwingen, darf niemanden aus der Familia ohne seine gerechte Überlegung bestrafen oder kontrollieren.
Sollte es jedoch einen Vogt geben, der gegen dieses Gebot verstößt, wird ihm das Vogtamt ohne Hoffnung auf Wiedergewinnung entzogen.
Und damit dies fester geglaubt und sorgfältiger beachtet werden kann, haben wir es unten eigenhändig bestätigt und mit einem Abdruck unserem Siegelring zugeordnet.
Das Zeichen von Karl dem hochgeborenen Kaiser vom 6. Idus Aprilis im Jahr der Inkarnation des Herrn DCCCXI".

Längst schon wurde diese Urkunde als Fälschung erkannt. Das Württembergische Urkundenbuch online gibt folgende Erläuterung:

> Der Textabdruck folgt der von Kaiser Heinrich VII. in castris ante Florenciam, 1312 Okt. 17, ausgestellten echten Privilegienbestätigung, in den das angebliche Original inseriert ist. Bei der Urkunde handelt es sich um eine Fälschung des Reichenauer Custos und Scholasticus Odalrich aus der 1. Hälfte des 12. Jahrhunderts. [Jänichen: Reichenauer Fälscher, S. 279 ff.; Hägermann: Urkundenfälschungen, S. 437 (zu Urkundenfälschungen auf Karl den Großen)]

Auch die "Gesellschaft für ältere deutsche Geschichtskunde" sieht das gleichermaßen:
> Fälschung ohne echte Vorlage aus der ersten Hälfte des 12. Jh. mit Benützung einer nicht mehr erhaltenen, vielleicht der in nr 223 rescribirten Urkunde Karls III aus

den letzten Monaten des Jahres 887 (vgl. auch nr 23,2) für das Protokoll, der Urkunde Heinrichs IV von 1065, Stumpf Reg. 2669, für die Arenga und der Chronik Hermanns des Lahmen, M. G. SS. 5, 101 zu 799, 811, 813, für die in den erzählenden Text eingestreuten Personennamen, hergestellt von demselben Mann, der durch eine Reihe von Fälschungen die staats- und kirchenrechtliche Stellung der Abtei [Reichenau] wieder zu heben suchte und seine Fälscherkunst auch in den Dienst anderer schwäbischer Klöster stellte... Nachweis von Lechner und Brandi, der indes diese Fälschungen noch dem etwas späteren Custos Odalrich zuschrieb. [Die Urkunden der Karolinger Erster Band 1906]

Karl Brandi schreibt dazu:
Karl d. Gr. setzt auf wiederholte Klage über die ungerechten Ansprüche und Anmaßungen der Vögte die Gerechtsame derselben folgendermaßen fest: 1. Die Klostervögte sollen von Abt u. Mönchen frei gewählt werden. Niemand soll eine Vogtei unter irgend einem Rechtstitel, vor allein nicht nach Erbrecht, beanspruchen. 2. Bei Überschreitung ihrer Befugnisse oder bei schlechter Amtsführung sollen die Vögte ihr Amt ohne Urteilsspruch verlieren... - Der Text ist frei komponiert. [Brandi1 S.44] Diese Reichenauer Urkunde war die Vorlage für einige andere Klöster wie Buchau, Ottobeuren, Kempten, Lindau, Stein und Rheinau [Brandi1 S.107]
und er zieht den Schluss: "Fälschung nach Inhalt und Formular, wie nach dem Zusammenhang mit [Urkunden] Nr. 8 u. 35 handgreiflich". [Brandi I S.14]

In den Acta Karolinorum, Bd. 2, S. 435 schreibt Sickel:
Für die Formeln hat eine Urkunde Karls d. D. [des Dicken?] als Vorlage gedient und gleichfalls ein solches

als Muster für das erstere Schriftstück. Dieses sah seinerzeit Bruschius in Reichenau, später kam es nach Ulm und von da in das Stuttgarter Archiv. Die Urkunde ist unzählige Male veröffentlicht, aber auch ebenso oft ist die Unechtheit nachgewiesen.

Die Landesarchivdirektion Baden-Württemberg kommt zum Schluss:

> Bei diesem Privileg handelt es sich um eine Fälschung aus dem frühen 12. Jahrhundert, deren Text ohne echte Vorlage aus Bausteinen verschiedener älterer Schriftstücke zusammengesetzt wurde. Der dafür verantwortliche, namentlich nicht bekannte Reichenauer Mönch hatte damals seine Fälschungskünste nachweislich auch in den Dienst anderer schwäbischer Klöster gestellt...
> In der Privilegienbestätigung Heinrichs VII. [anno 1312] werden die inserierten Urkundentexte durch die nachgezeichneten Herrschermonogramme und die in vergrößerter Schrift wiedergegebenen Signumzeilen äußerlich voneinander getrennt. Dem Kloster Reichenau ging es nun darum, mit der kaiserlichen Bestätigung die Echtheit der vorgelegten Urkunden und damit seine herrschaftliche Stellung prominent nachzuweisen.

Und Gustav Kempf schreibt in seinem Gögginger Dorfbuch: Diese Erwähnung unseres Dorfes als bevogtete Reichenauer Villikation zeigt seine Bedeutung für die Frühzeit des Klosters. Die Feststellungen dieser karolingischen Fälschung werden dann bestätigt in einer echten Urkunde, die Kaiser Heinrich VII. am 23. Oktober 1312 dem Kloster ausgestellt hat als er auf seinem Römerzug im Lager vor Florenz weilte.

Arno Borst erwähnt die Fälschungen eher peinlich berührt, er entschuldigt sie halb und relativiert sie auf fantasievolle Art:

... mehr oder minder gutgläubige Vermutungen führten in Reichenau schon während des zehnten Jahrhunderts zu Urkundenfälschungen, zur Manipulation einer Geschichte, wie sie hätte gewesen sein sollen. Auch Bern und Hermann mußten sich in Urkunden aus der Karolinger- und Ottonenzeit vertiefen, aber beide taten es zögernd, nur bei klarer Rechtslage und auch dann ohne Rechthaberei. Denn Prozessieren war eigentlich die Sache der Mönche nicht. Vielmehr begannen beide über die geschichtlichen Bedingungen und Beschränkungen mönchischen Lebens grundsätzlich nachzudenken. Sie eröffneten damit dem Mönchtum eine neue, die wissenschaftliche Dimension, die den Auftrag der Mönche zugleich intensivierte und relativierte. [Borst S.110]

Fälschungen aus Gutgläubigkeit, quasi in ehrlicher Absicht fabriziert, das war jedoch garantiert nicht das Motiv der Fälscherwerkstatt.

Dass diese Vogturkunde vom Jahr 811 unecht ist, braucht also in Zukunft nicht näher begründet zu werden.
Viel interessanter ist doch, warum wurde sie, wann hergestellt, und welche Absicht sollte sie haben.

Die Handschrift dieser Urkunde ist datiert auf das Jahr 1312 und wird im Hauptstaatsarchiv Stuttgart aufbewahrt. Die Urkunde, so wie sie heute dort liegt, soll im Jahr 1312 dem Kaiser Heinrich zur Bestätigung vorgelegt worden sein, als dieser in Florenz auf einem Kriegszug weilte. Der inhaltliche Kern dieser Urkunde ist das sogenannte Insert, also eine angebliche Abschrift einer Urkunde aus dem Jahr 811. Das Insert wurde nicht eingeklebt sondern die Handschrift ist durchgehend gleich, die Urkunde wurde an einem Stück geschrieben. Das wirft Fragen auf: existierte jemals eine

Originalschrift dieses Inserts? Und wurde diese Urkunde wirklich im Jahr 1312 dem Kaiser zur Bestätigung vorgelegt? Es handelt sich inhaltlich um eine Beschränkung der kaiserlichen Rechte seiner Vögte, und warum sollte der Kaiser so etwas besiegeln, ausgerechnet in seinem Heerlager vor Florenz, wo er gewiss andere Probleme hatte als eine solche Uralturkunde zu bestätigen, die damals schon 500 Jahre alt war (1312-811), und das gegen seine eigenen Reichsinteressen.

Im Jahr 811 gab es noch keinen Streit um Vogtrechte, allein deswegen kann das Insert nicht von diesem Jahr stammen. Und im 14. Jahrhundert verlor das Vogtproblem schnell seine frühere Bedeutung. Man darf wohl davon ausgehen, dass die gesamte Urkunde inklusiv dem Insert im 14. Jahrhundert erdacht und angefertigt wurde, und Kaiser Heinrich diese niemals zu Gesicht bekam.

Der Zeitpunkt der Anfertigung war nach 1313, als Kaiser Heinrich schon tot war. Ein toter Kaiser kann keine Fälschung mehr aufdecken, die seinen Namenszug trägt. Ebenso wurden vom Fälscher mit Bedacht die Umstände ausgesucht: im allgemeinen Chaos des Krieges hatte der Kaiser seine Kanzlei und seine Notare mit Sicherheit nicht nach Florenz ins Heerlager mitgenommen, sodass auch von dieser Seite keine Aufdeckung der Fälschung möglich war.

Hier, mitten im Krieg, hat der Kaiser allein die Bestätigung vollzogen und sein Siegel aufgedrückt, und seine Kanzlei, die daheim geblieben war, wusste nichts davon. Die kaiserlichen Notare nach der Echtheit zu befragen war also sinnlos, denn diese waren nicht vor Ort dabei gewesen. Eine Aufdeckung der Fälschung war somit kaum möglich. Und kaiserliche Siegel kann man fälschen.

Im frühen 14. Jahrhundert hatte also jemand Interesse daran, das Reich und die Abtei Reichenau zu spalten, beide voneinander zu entzweien. Dem Streben der Abtei nach Reichsunmittelbarkeit sollte ein Ende bereitet werden. Der Schutz durch den Kaiser sollte entfallen.

Die Vogturkunde ist ein Meisterwerk, zwar nicht künstlerisch, aber intellektuell an Intrige und Maskenspiel. Sie gibt oberflächlich gesehen vor, der Abtei zu nützen und bewirkt aber das genaue Gegenteil. Wenn man den Konstanzer Bischof einer solchen Meisterleistung für nicht fähig ansieht, dann kommt als Fälscher und Nutznießer nur einer in Betracht: Venedig. Der Bischof muss damals Venedig mit dessen Meisterdiplomaten ins Boot geholt haben; beide hatten ein gemeinsames Interesse, nämlich der Reichenau zu schaden.

In der Vogturkunde erkennt man handschriftlich klar den Schriftzug "Geggingen".
Schaut man aber in die Abschrift der Chronik des Gallus Öheim aus dem 16. Jahrhundert, wo diese Vogturkunde ins Deutsche übertragen wurde, dann lesen wir dort überraschenderweise nicht Geggingen sondern "tettingen". [28]

Für das jährliche Treffen mit dem Vogt "außerhalb der Insel" werden in der Vogturkunde die Orte Geggingen, Ermatingen und Wollmatingen festgelegt.
Nun liegt Gögggingen aber recht weit entfernt von den anderen Orten Ermatingen und Wollmatingen, die sich beide nahe der Reichenau befinden. Mit Tettingen ist die heutige Ortschaft Dettingen gemeint, und diese wiederum ist nahe bei Reichenau, Wollmatingen und Ermatingen gelegen.
Die Logik sagt, dass in der Vogturkunde eigentlich gar nicht Göggingen gemeint war, sondern Dettingen. Bisher war das noch niemandem aufgefallen.
Ich habe das Hauptstaatsarchiv in Stuttgart deswegen angeschrieben, und es hat meine Vermutung bestätigt, als es antwortet: "Wie Sie durch Abgleich mit Gallus Öheim aber bereits ermitteln konnten, passt das nicht zu den beiden

---

28 siehe auch:
    https://www.dmgh.de/mgh_dd_karol_i/index.htm#page/419/mode/
    1up

anderen genannten Orten im unmittelbaren Umfeld der Reichenau. Tettingen (=Dettingen) ist demnach die richtige Identifizierung. Aus Ihrem Hinweis ergibt sich die Notwendigkeit, im Württembergischen Urkundenbuch die irreführende Verweisung auf Göggingen zu korrigieren".
Siehe im Anhang.

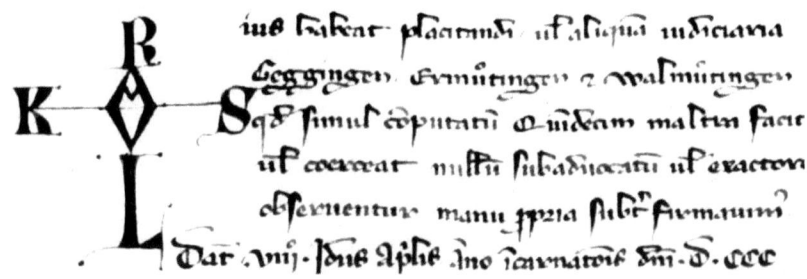

Abb. oben: In der Vogturkunde ist zu lesen: "Geggingen, Ermutingen und Walmutingen"

Abb. oben: Hier in der Öheimchronik liest man: "Das ist tettingen, Hermandingen und Wolmatingen. Oder ob es dem Abbt u. vogt gefellig wer zu almenßdorff. An welchen disen...".

Warum einmal Geggingen geschrieben steht und einmal Tettingen, ist schwer zu erklären. Aber es dürfte mit hoher Wahrscheinlichkeit so sein, dass in der Vogturkunde zwar unzweifelhaft Geggingen geschrieben steht, aber Dettingen damit gemeint war. Aus dieser Vogturkunde Rückschlüsse zu ziehen auf eine Vergangenheit Göggingens als Reichenauer Villikation dürfte sich somit verbieten.

Die Vogturkunde ist ordentlich geschrieben, sodass man den Willen des Fälschers erkennt, man soll der Fälschung Glauben schenken. Das ist bei der nachfolgend beschriebenen Walafriedurkunde nicht so.

Die Walafriedurkunde

Sie sieht aus wie eine Abgabenordnung für den Kellermeister des Klosters, und zwar seltsamerweise in Form einer besiegelten Abts-Urkunde. Um einen Eindruck zu bekommen, müssen wir sie in heutigem Deutsch lesen. Für eine flüssige Sprache wurde die Übersetzung recht frei gewählt, und die Übersetzung mag in manchen Fällen vielleicht nicht ganz richtig sein. Aber das ist belanglos. Denn wer sich zu sehr in Einzelheiten vertieft, wie es viele Historiker tun, der sieht den Wald vor lauter Bäumen nicht. Diesen Wald muss man aber erkennen, um diese Urkunde einschätzen zu können.

Hier folgt also der Text:

Im Namen der heiligen Dreieinigkeit. Walfred, Abt der Augia, von Gott begünstigt, aber unwürdig ("quamvis indignus"). Lasst uns bestimmen welcher Nutzen und welche Art von Abgaben zu unserem Gemeinwesen in den Vorratsraum jedes Jahr gegeben werden sollen. Von Chuningesbach 10 Haspeln Flachs; ebenso aus Otelingen: In Marchelingen müssen es 6 Mansari sein, die diese zubereiten müssen. Aus Pirningen 10 Scheffel Gemüse, 100 Käse, ein Schaf, 4 Körbe Garn, 5 Hanf, ein Fass Honig. Ebenso von Emphingen. Gleiches gilt für Pinestorf. Von Meringen ebenso, wie von Wingen, und 12 Kannen zur Geburt des Herrn und 50 Kelche, und am Fest des Hl. Michael auch 12 Kannen und 50 Kelche, und ebenso zu Ostern. Von Tuttlingen ebenso wie von Emphingen. Alle sollen zwei Fischerboote stellen, ein größeres und ein kleineres. Von Rodelingen und von Honistetten zehn Scheffel Flachs, 100 Fässer Käse, ein Kessel Honig, 50 Maß Salz, 12 Kessel

Schmalz. Von Ostern bis zum Fest des Heiligen Michael werden dem Kellermeister jede Woche 6 Pfund Speck und jeden Tag 20 Laibe Brot und ausreichend Lauch für das Warmosium gegeben. Dem Kellermeister müssen vier Kühe übergeben werden, eine aus Tuselingen, die zweite aus Altheim, die dritte aus Mülheim, die vierte aus Thettingen, um sie für Bedürftige zu melken.

Und diese Kühe sollen im Garten der Brüder angesiedelt und vom Kellermeister gut gehütet werden. Aber wenn eine dieser Kühe sterben sollte, muss die andere aus derselben Stadt wiedergegeben werden, aus der die verstorbene Kuh war. Und jeden Tag sollte den Brüdern Warmosium gegeben werden, außer an den Tagen, an denen sie voll im Dienst sind: und deshalb, wenn einer der Brüder wegen Magenschwäche nicht von den drei Gerichten isst, die ihnen jeden Tag gegeben werden, dann soll zumindest das vierte, nämlich Warmosium, ihm wegen der Milde des Essens aufgetischt werden...

Von Steckborn müssen 40 Weingärtner Lauch im Garten der Brüder pflanzen, jeder in 12 Linien, und die Diener des Weinkellners müssen 12 Felder anlegen und bepflanzen; des Trägers müssen sie 6 Felder, des Gastgebers 6 Felder bepflanzen. Aus Unlingen 100 Käse, 10 Scheffel Gemüse, 1 Kessel Honig, 1 Schaf und 5 Scheffel Flachs.

Ebenso aus Altheim. Ebenso aus Gecgingen. Ebenso aus Münerdorf. Aus dem Osten müssen sie zwei Fischerboote ("naves") abgeben, ein größeres und ein kleineres, und sie müssen 4 Häuser für Fischer bauen. Aus Langobardia 12 Scheffel Kastanien, 5 Fass Öl, 40 Bienenstöcke, 300 Pfund Käse...

Von Almannsdorf 12 Haspeln und ein Fischerboot. Aus Wolmatingen 10 Haspeln. Von Tettingen 10 Haspeln. Von Wolmatingen und von Tettingen ein größeres Fischerboot; und in Wolmatingen müssen sie die Spelzen vorbereiten und 34 Maß Malz zum Zubereiten der Spelzen. Von Almannsdorf 17 Ruten zum Kleinfischfang in Lohen ...

Und im oberen See sollen die Fischer früh am Morgen beginnen, um den Fisch für einen Monat einzubringen und eine Mahlzeit aus dem Vorratsraum zu sich zu nehmen. Und jedem Fischer sollte ein Glas Wein, der von den Brüdern gezapft wurde, mit dem Brot gegeben werden, wenn er so alt ist, dass es ihm gegeben werden kann; aber wenn er jung ist, lass ihn das Bier ("cervisie") dankbar annehmen. Der Kellermeister soll einen Stock zum Fangen von Fischen geben und zwei Fischer sollen ihn ins Wasser stecken, und zwei sollen den Fisch durch den Rheinkanal treiben, und der Kellermeister soll jedem von ihnen ein Glas Wein geben. Und wenn der Bote des Kellermeisters käme und befehle ihnen zu fahren, sollten sie sofort bereit sein, und niemand sollte an diesem Ort von Lohen sitzen außer vier Männern, die Fischer waren. Und jedes Mal, von Ostern bis Hagene, werden in den Sümpfen und an diesen schilfigen Orten vier Fischern befohlen zu fischen, sie mit Booten und anderem Fischfanggerät bereit zu halten und nach dem Fischen in den Keller zu gehen und eine Mahlzeit zu sich zu nehmen, und von der Geburt Christi dem Herrn bis Ostern jeweils sonntags sollen sie mit ihren Fischen in den Vorratsraum kommen.

Alle diese Dinge, die oben gesagt wurden, haben wir mit unseren Ältesten beschlossen, dass sie dem Kellermeister jedes Jahr gegeben werden müssen, damit die Brüder schnell vollständig gesund werden können.

Ich, Sneuuart, ein Mönch und Diakon, schrieb und versiegelte dieses Schreiben von Abt Walfred.

Dieses wurde geschrieben auf Augia an den Kalenden des Septembers, bei der Geburt der jungfräulichen Heiligen Verene und im Jahr der Inkarnation des Herrn 843.

Bunt durcheinander gewürfelt: 100 Käse, Flachs, Honig, Kühe, Fischerboote, Kannen, Kelche, Kastanien aus Italien und Fässer voller Öl, 6 Pfund Speck jede Woche, 20 Brote am Tag und ausreichend Lauch für das Warmosium, von diesem Ort auch noch etwas, und ja, auch von diesem Dorf, und von jenem Ort gleich auch noch das Doppelte.

Ganz nach dem Motto: Darf's noch ein bisschen mehr sein?

Jeder praktisch veranlagte Mensch sieht sofort, dass diese Abgabenordnung nicht realistisch ist, dass hiermit etwas nicht stimmt. Die Historiker hingegen haben viele Jahrhunderte diese Urkunde als echt angesehen, weil sie sich offenbar zu sehr in Details vertieft haben und es ihnen, als Studierte, an praktischem Vorstellungsvermögen mangelte.

Allein schon die Formel im Jahr der Inkarnation des Herrn 843 ("anno autem dominice incarnationis DCCCXLIII") macht offenkundig, dass der Text nicht im Jahr 843 geschrieben worden sein kann, denn Jahreszahlangaben "nach Christi Geburt" kamen erst etwa nach dem Jahr 1000 auf.

Karl Brandi bemerkt die vielen Schreibfehler im Text und dass ein Fälscher mangels Urkunden-Platz ja nicht für so viele Orte alle Abgaben erdichten konnte, und meint dann:

> in der zweiten Hälfte [des Textes] ist überhaupt nur noch von den Abgaben der Fischer die Rede. Man muß sich hierüber klar werden, um nicht zu einem ganz schiefen Bilde von diesem klösterlichen Haushalt zu gelangen: die Spitze der Fälschung ist also gegen die Fischergenossenschaft des Klosters gerichtet. [Brandi I S.44]

Die Vorschriften für die Fischer sind indessen so konfus und praxisfremd, dass man mehr dahinter vermuten darf als eine bloße Spitze gegen die Fischergenossenschaft. Welcher Normaldenkende macht seinen abgabepflichtigen Fischern Anweisungen, auf welche Weise sie ihre Fische fangen sollen? Zwei Fischer sollen die Fische aufscheuchen, zwei ins Netz treiben... Als ob die Fischer nicht selbst am besten wüssten, wie man Fische fängt.

Auch die äußere Form der Urkunde ist ungewöhnlich:

> Die angebliche Urkunde Abt Walahfrids ist [...] auf zwei roh aneinandergehefteten, sehr schlecht bearbeiteten Pergamentstücken geschrieben; Vorder- und Rückseite beider sind gleichmäßig rauh. Das untere Stück trägt ein echtes Arnolfsiegel regelrecht befestigt; dessen Umschrift scheint durch einen Wachsnachguß absichtlich verschwommen und undeutlich gemacht zu sein, denn der erhöhte Kopf tritt ungleich schärfer hervor. —
> Die Formen der Kaiserurkunden sind durch die verlängerte Schrift in den üblichen Zeilen und in einem geradezu monströsen Rekognitionszeichen nachgeahmt. Die Buchstaben der verlängerten Schrift sind teilweise ganz willkürlich gebildet; man bemerkt, wie der Fälscher in Ermangelung jeglichen Musters sich hier darauf beschränkt, den ihm geläufigen großen Buchstaben eine möglichst grandiose Gestalt zu geben. ... Ganz entsprechend ist der Zeilenabstand gering und nur unordentlich eingehalten. [Brandi I S.55]

Textprobe der Walafriedurkunde von 1. September 843: „verlängerte Schrift, monströse Recognitionszeichen, Buchstaben mit grandioser Gestalt".

So sieht es auch Hansmartin Schwarzmaier:

> ... Die Schrift ist in der ersten Zeile verlängert, die Intitulatio und die Invocatio sind dem Formular der Königsurkunde entnommen. Dieser Teil ist ganz besonders skurril und ungeschickt, ein häßliches Produkt

aus antiquierten Buchstabenformen in chaotischem Duktus. [Schwarzmaier 25]

Erst im Jahr 1888 wurde die Walafriedurkunde von Archivrat Aloys Schulte als Fälschung entlarvt: [29]

Über den Archivalien der Reichenau hat bekanntlich kein guter Stern gewaltet, denn schon im 15. Jahrhundert kannte Gallus Öheim aus der Blütezeit des Klosters nicht viel mehr Urkunden, als wir noch heute besitzen. Die benachbarte Abtei St. Gallen, welche man ob ihrer verwandten Schicksale in einem Zuge mit der Reichenau zu nennen gewöhnt ist, hat uns in zahlreichen Urkunden über Schenkungen über Tauschverträge einen überaus reichfliessenden Born hinterlassen, aus dem wir die Geschichte des Klosters und seiner weit ausgedehnten Besitzungen und damit auch grosser Gebiete der Schweiz und Schwabens herstellen können. Dieser Urkundenschatz führt uns in die Zeit der höchsten Blüte des Klosters, ergänzt die Berichte der Geschichtschreiber, welche das Kloster hervorrief. Anders bei der Reichenau. Alles, was von Geschichtschreibern abgesehen uns aus der Blütezeit dieser Klosterinsel vor dem Jahre 1100 erhalten ist, sind wenige Kaiser- u. Königsurkunden, von denen wiederum die Mehrzahl als Fälschungen längst erkannt sind. ...
In der Urkunde, deren Wortlaut genau nach dem Original in der Beilage folgt, verfügt nun angeblich Walfredus deo favente Augiensium abbas in Gemeinschaft mit den Klosterältesten in Rücksicht auf das gegenwärtige wie das zukünftige Wohl der Brüder, was an Einkünften und Lasten dem gemeinsamen Keller gegeben werden solle. Da wird Ort für Ort aufgezählt, was von ihnen an Bohnen,

---

29 in: Zeitschrift für die Geschichte des Oberrheins Band 3 Neue Folge 42 (1888)

Gemüsen, Lauch, Kastanien, Öl, Käse, Schafen, Honig, Schmalz, Speck, Brot, Kühen, Salz, ferner an Kesseln, Schüsseln und Häfen für den Gebrauch der Küche und indirekt für dieselbe, zunächst aber für den vom Kloster betriebenen Fischfang an Hanf, Haarseilen, Fischerbooten, Reisig und Fischernetzen zu liefern ist. Schliesslich werden die Verpflichtungen der Fischer im Einzelnen festgestellt.

Wer nun den Text der Urkunde mit einiger Aufmerksamkeit liest, wird mit Befremden Wortformen wie Marchelungen, Emphingen, Tuselingen, Meringen, Tuttelingen, Gecgingen u.s. w. entdecken, die so ganz und gar nicht zum 9. Jahrhundert passen. In echten Urkunden heisst Meringen 882: Mereheninga, Tuselingen 802: Tusilinga, Tuttlingen 803: Tuttiliningas; wie ist auch die abgeschliffene Endung ingen im 9. Jahrhundert denkbar? ...

Das dritte Argument hätte aber allein schon genügen müssen, die Urkunde zu verdächtigen, es ist die kunstlose, barbarische Sprache, die der Fälscher dem Walafried in den Mund legt. ...

Die Urkunde ist nicht etwa auf einem Pergamentblatt geschrieben, sondern auf zweien, auf dem unteren ist das Siegel aufgedrückt. Die beiden Blätter sind durch einen durch beide gezogenen Pergamentstreifen befestigt. Es wäre also ein Leichtes, die beiden Blätter von einander zu trennen, und statt des ersten ein anderes Blatt wieder anzufügen. Es ist also der Inhalt und die Echtheit des oberen Teiles der Urkunde durch das Siegel nicht im mindesten verbürgt. ...

Die Schrift des Kontextes der Urkunde macht auch nicht einmal den Versuch, die karolingische Schrift nachzuahmen.

Nach dem Gesagten ist es wohl keine Frage mehr, dass auch diese Urkunde zu der grossen Zahl der schon bisher

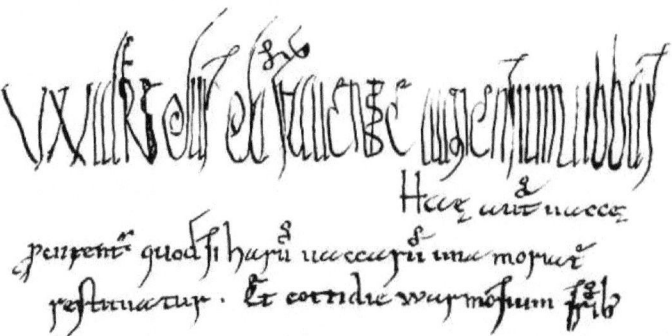

Abb.: Ausschnitte aus der Urkunde vom 1. 9. 843. „Buchstaben außerordentlich grob" [Brandi].
Man kann lesen:
Walfredus deo favente augensium abbas - Walafried von Gottes Gunst Abt der Reichenau
Hae autem vaccae... procurentur. Quod si harum vaccarum una moriatur ... restituatur. Et cotti die warmosium fratribus -
das heisst: ... und diese Kühe ... angeschafft werden. Aber wenn eine dieser Kühe sterben sollte ... wiederbeschaffen. Und jeden Tag warmosium den Brüdern ... (warmosium ist Lauch mit warmer Milch). [Brandi I Tafel 11]

Liest man den Urkundentext genau, dann scheinen die aufgelisteten Abgaben nur ein kleiner Teil zu sein von den Gesamtabgaben an das Kloster. Es sind ja auch bei weitem nicht alle abgabepflichtigen Ortschaften aufgeführt. Wein als abgabenpflichtiges Gut fehlt ganz.
Die aufgelisteten Abgaben müssen, wenn man genau liest, vielmehr dem Kloster gegeben werden mit dem Zweck, die kranken Klosterbrüder zu versorgen. Dazu müssen die Ortschaften Lauch anbauen, Kühe abgeben für die Milch, Fische fangen, Brot und Speck liefern und Olivenöl aus Italien.
Es ist vom Warmosium die Rede, das den kranken Brüdern

gegeben werden soll, und das ist warme Milch mit Lauch, das die Brüder gesund machen soll im Falle einer Magenverstimmung.

Wer also fertigt Mitte des 12. Jahrhunderts eine solche schlechte Fälschung an, und warum? Es war doch jedem klar, der sie gelesen hat, dass hier etwas nicht stimmen kann. Die äußere Form, die monströsen Buchstaben und vor allem der Inhalt: wegen ein paar kranken Brüdern soll meine Ortschaft so viel Abgaben leisten? Jeden Tag von Ostern bis "Hagene" im Morgengrauen im schlammigen Schilf kleine Fische fangen? Jedes Jahr eine Kuh abgeben und Fischerboote bauen? Fässer voller Honig liefern und Schafe zur Insel bringen, nebst Hanf. Die Auflistung der Abgaben ist so unglaublich willkürlich, man meint der Schreiber habe seine Fantasie ganz frei walten lassen - 100 Käse, nein machen wir 300 daraus, 10 Haspeln Flachs? Besser 12. 34 Scheffel Malz, 17 Angelruten. Reine Fantasiezahlen. Darf's ein bisschen mehr sein?
Diese Walafriedurkunde wurde mit Sicherheit nicht fabriziert um dem Kloster Einnahmen zu verschaffen. Dazu hätte es keiner Urkunde in Form einer Königsurkunde mit Siegel gebraucht. Der Zweck dürfte ganz eindeutig darin gelegen haben, die Ortschaften gegen das Kloster aufzubringen, das Kloster mit den Ortschaften zu entzweien und zu spalten. Diese Urkunde nützte dem Kloster nicht, sondern schadete ihm und war gegen es gerichtet.
Wenn das so ist, und alles spricht dafür, dann muss man diese Urkunde als ein Meisterstück ansehen. Der übliche Verdächtige ist Venedig, das auch byzantinische Münzen im großen Stil gefälscht hat, nicht um sich zu bereichern sondern um den Konkurrenten Konstantinopel mit Falschgeld zu schwächen.
Während die Vogturkunde den Anschein von Echtheit haben sollte, sollte die Walafriedurkunde von vornherein unecht aussehen. Auch ein Bauer der den Inhalt nicht lesen konnte wurde misstrauisch, wenn er die äußere Form der Urkunde

besah. Und das war auch der Zweck.

Eine Königsurkunde zwar, mit einem Siegel und grandiosen Buchstaben, aber von schlampiger Art und verdächtigem konfusem Inhalt. Einerseits beeindruckend und ehrfurchtgebietend, andererseits höchst verdächtig - welcher bäuerliche Schultheiß war da nicht verwirrt, nachdem ihm diese Urkunde vorgelegt wurde.

Die Walafriedurkunde dürfte, wie von Brandi angenommen, aus den Jahren um 1150 stammen, spätestens von 1165, sie wurde wohl vom Klosterverwalter und Archivar Odalrich angefertigt, und der Ort Göggingen ist als "gecgingen" darin erwähnt.

Vergrößerung:

Oben mittlere Zeile: De alteim similiter. de gecgingen similiter de munersdorf similiter ("ähnlich auch von Altheim. Auch von gecgingen. Auch von Mindersdorf"). Aus der Walafriedurkunde.

Man muss sich fragen, wie Odalrich es fertig brachte, alle alten für das Kloster wertvollen Königsurkunden in langer Arbeit auszuradieren und durch neue Texte zu beschriften. Hat das niemand bemerkt? Geschah es in Einvernehmen mit dem Abt? Das ist undenkbar. Der Abt setzte sich stets zugunsten seines Klosters ein, während die Fälscherwerkstatt Odalrichs eindeutig auf der Gegenseite stand. Odalrichs war ein Agent der Gegenseite und stand nicht auf der Seite des Klosters Reichenau. Wahrscheinlich fabrizierte Odalrich seine Urkunden gar nicht auf der Reichenau, sondern ließ sie auswärts schreiben. Nur so konnte er beim Abt und beim Konvent kein Misstrauen erwecken. Vermutlich war es auch Odalrich, der auf Veranlassung Venedigs das gesamte Urkundenarchiv ausräumte.

Alle andere Klöster der Gegend hatten keine solche schwerwiegenden Probleme wie die Reichenau sie hatte. Aber die anderen Klöster hatten auch keinen hl. Markus als Patron und hatten nicht Venedig als Gegner.

Arno Borst sieht eine Koalition von verbitterten Abteien die aus purer Verbitterung zur Fälschung getrieben wurden, und erwähnt auch, dass andere Klöster schon längst das erreicht hatten, was die Reichenau immer anstrebte: Freiheit des Klosters von Kaiser und Bischof.

Weil Reichenau die in Reformklöstern geschaffenen Instrumente genauer Bestätigungsurkunden und umfassender Güterverzeichnisse nicht besaß, mußte sich das Inselkloster die Rechtsgrundlagen zu Anfang des zwölften Jahrhunderts durch Urkundenfälschungen beschaffen, nicht nur für Reichenau selbst, auch für andere Klöster, die ähnlich gefährdet waren, Buchau, Lindau, Stein, Rheinau, Einsiedeln.
Eine neue Art von Verbundenheit im Bodenseeraum, Koalition der Verbitterten. Sie kämpfte im Dunkeln für Errungenschaften, deren sich Reformklöster wie Schaffhausen längst erfreuten: freie Wahl des Abts durch den Konvent, Einschränkung der Verpflichtungen für den König, Festlegung der Befugnisse des Klostervogts, insgesamt Befreiung des Klosters von äußeren Einflüssen und Stärkung seiner inneren Selbstfindigkeit. [Borst S.175]

Die immensen moralischen Missstände und Verwerfungen, Brände, Fehden, Frechheiten der Klosterherren und Verwüstungen, wie sie Reichenau hatte, sah man weder in Buchau, Lindau, Stein usw. und schon gar nicht in den Reformklöstern. Das gab es nirgends sonst.

Nur die Reichenau hatte den hl. Markus als Reliquie...

Insofern muss man auch Abt Eberhard Brandis entlasten, der ja angeblich alle alten Lehensbücher vor dem Jahr 1350 verbrannt hat, nur um gleich danach neue Lehensbücher anzulegen. Kein Abt arbeitet gegen sein eigenes Kloster. Man darf ruhig annehmen, dass Brandis bei seinem Amtsantritt ein leeres Archiv vorgefunden hat.

Die Diethelmurkunde

Wohl nicht aus der Reichenauer Fälscherwerkstatt des 12. Jahrhunderts entstammt die Diethelmurkunde, von der viele Ortschaften, auch Göggingen, ihre mögliche Ersterwähnung ableiten.

Der übersetzte Text lautet folgendermaßen (Übersetzungsfehler sind möglich, aber für das Verständnis nicht relevant):

„Diethelmus, von Gottes Gnaden Bischof der Kirche von Konstanz und Abt der Kirche von Augens [Reichenau]. Lasst es allgemein wissen, dass wir und die Kirche von Augens die Kirche von Salem bis jetzt mit einem besonderen Vorrecht der Liebe umarmt haben, im Vertrauen auf den Herrn, dass wir Gott dort und hier und in Zukunft durch Verdienste und Gebete dienen und immer von Gott unterstützt werden, dass der ehrwürdige Eberhardus, Abt von Salem, und seine Brüder, von Beringer, einem Soldaten von Meßkirch[30], das Lehen, das er in Hohinberc [Homberg im Deggenhausertal?] vom Grafen Mangold von Rordorf hatte, erlöst und aus unserer Hand gepfändet haben, indem sie ihm 70 Pfund gegeben haben.

---

30 Beringero milite de Meschilchi

Aber danach tauschte der Graf mit dem besagten Beringer das besagte Honorar mit unserer Kirche von Augense, unter der Bedingung, dass das besagte Honorar an die Kirche von Salem überwiesen werden sollte. Und der vorgenannte Graf schenkte unserer Kirche als Entschädigung für die Geldsumme einen Besitz, den er in Thisindorf und einen anderen in einem Ort namens Waltfurt hatte, zusammen mit einigen Männern in Meskirch. Und wir haben mit Zustimmung der Brüder und Pfarrer unserer Kirche von Augens das Sondergut in Hohinberc als ewigen Besitz an die Kirche von Salem übertragen. Aber damit diese Übereinkunft fortbestehen konnte, schworen zwei Diener der Kirche von Augens, nämlich Bertoldus der Verwalter von **Gegingen** und Albertus de Crauchenwis, zusammen mit fünf anderen Dienern der Kirche, dass die Entschädigung durch die Vorgenannten geleistet wurde. Die Zahlung an unsere Kirche ist für das oben genannte Gut in Hohinberc vorteilhafter. Diese Ereignisse fanden in unserem oben genannten Dorf Gegingen statt. Im Jahr der Menschwerdung des Herrn 1202. Und die Zeugen davon sind: Der vorgenannte Graf Manigold von Rordorf. Heinrich von Fridingin. Wernherus Galli. Bertholdus der Verwalter von **Gegingen** und sein Sohn Berthold. Albertus de Cruchinwis. Heinrich de Crauchenwis und sein Bruder Eberhard. Heinrich von Abilach. Conradus, Minister von Augia. Liutfridus de Rordorf und Cunradus, der den Beinamen Chint trägt. Berthold und Wernherus de Manningen und viele andere".

𝕭𝖊𝖗𝖙𝖔𝖑𝖉𝖚𝖘 𝖚𝖎𝖉𝖊𝖑𝖎𝖈𝖚𝖘 𝖉𝖊 𝖌𝖊𝖌𝖎𝖓𝖌𝖊𝖓

Abb.: Bertoldus videlicet villicus de gegingen (aus der Diethelmurkunde)

Man muss wissen, dass Diethelm von Krenkingen zuerst im Jahre 1169 Abt der Reichenau wurde, dann später (1189) von den Staufern auch das Amt des Bischofs von Konstanz bekam.

Er war die letzten Jahre seines Lebens kaum noch vor Ort, sondern fast immer im politischen Auftrag des Reichs unterwegs auf Reisen. Kurz vor seinem Tod im Jahr 1206 legte er die Reichenauer Abtwürde nieder und lebte die letzten Monate als einfacher Mönch im Kloster Salem beim Bodensee. Man sagt er war ein großer Freund und Förderer von Salem.

Die Urkunde weist Besonderheiten auf:

- Sie ist unvollständig datiert
- Es handelt sich um eine rückwirkende Bestätigung
- Es geht um ein kompliziertes Immobilien-Dreiecksgeschäft
- Ein Soldat spielt eine wichtige Rolle
- Es werden Zeugen benannt, die das ursprüngliche Tauschgeschäft nicht bezeugen können, sondern nur rückwirkend bezeugen was die Diethelmurkunde vorgibt. Sie können also nur den niedergeschriebenen Text bezeugen, aber nicht das Geschäft
- Das Tauschgeschäft geht zum Nachteil der Reichenau

Die Zeitschrift für die Geschichte des Oberrheins 1876 schreibt:
... Auch am 7. Juni 1202 ist Diethelm von Krenkingen in Constanz, als Schiedsrichter in einer die Kirchen zu Mauchen und Betmaringen betreffenden Angelegenheit tätig. Aber auch für das begehrliche Kloster Salem hat er, in Göggingen bei Meßkirch, leider ohne Tag, eine Urkunde ausgestellt, in welcher er seine ganz besondere Vorliebe für jenes Gotteshaus ausdrückt und ein Lehengut zu Homberg zu Eigen überläßt. Es war aber auch dieses Mal wieder sein Kloster Reichenau, nicht das Bistum Konstanz, aus dessen Mitteln er sich freigiebig erwies. Während die frommen Brüder eine Erwerbung nach der anderen machten [ ], klagten sie [die Salemer] doch über ihre bittere Armut.

Aus folgenden Gründen sollte man diese Diethelmurkunde als unecht und als spätere Erfindung ansehen:

Es ist sehr ungewöhnlich, dass eine Urkunde nur eine Jahresangabe, aber kein Tagesdatum enthält. Der Fälscher weiß nicht, was seine angeblichen Zeugen an genau einem bestimmten Tag gemacht haben, vielleicht waren einige später nachweisbar abwesend, auf Kriegszug, auf Besuch, sonstwo unterwegs. Damit seiner Fälschung auf diese Art niemand auf die Schliche kommen kann, lässt er das Tagesdatum weg.

Das Tauschgeschäft ist nur eine rückwirkende Bestätigung eines lange vorangegangenen (scheinbar) echten Tausches. Die eigentlichen Vertragspartner sind gar nicht anwesend. So ist es natürlich leicht, irgendetwas zu behaupten oder scheinvertraglich festzulegen.

Das Geschäft über viele Ecken macht den Nachweis einer Fälschung schwierig. Einem Mann namens Beringer, der ein Gut vom Grafen Mangold hatte, gibt der Abt von Salem 70 Pfund Geld. Aber dann tauscht Mangold mit Beringer die 70 Pfund mit Reichenau, unter der Bedingung, dass das besagte Honorar an die Kirche von Salem überwiesen werden sollte. Und Mangold schenkte Salem als Entschädigung für die Geldsumme einen Besitz, den er in Thisindorf und einen anderen in einem Ort namens Waltfurt hatte.

Das macht alles keinen Sinn und riecht förmlich nach Betrug.

Ein Soldat Beringer aus Meßkirch bekommt das Geld für einen Hof, den aber angeblich Mangold besitzt. Mangold wiederum gibt das Geld der Reichenau und sagt, diese solle es nach Salem geben. Und dann verschenkt Mangold dem Kloster Salem Immobilien aus Reichenauer Besitz als Entschädigung für die Geldsumme. Soldat Beringer aus Meßkirch, den es vermutlich nie gegeben hat, lässt man die Rolle eines Strohmanns spielen.

Nebenbei gesagt könnte diese Diethelmurkunde eine der frühesten Erwähnungen Meßkirchs sein, denn Meßkirch wurde sicherlich in der Städtegründungszeit ab 1120 erstmalig erbaut. Man sieht den Plan der Stadt in seinem Grundriss, wo bis heute der namensgebende Messkelch zu sehen ist. Der ursprüngliche Name der Stadt geriet aber bald in Vergessenheit und wurde verwechselt, denn die Kirche hieß damals Kilche, so wie es heute noch in der Schweiz ausgesprochen wird (schweizerdeutsch kille, killa = Kirche). So kam es vom Mess-kelch zur Mess-kirche. Die Vita des Heimrad, in der Meßkirch mit der Jahreszahl 1080 in Verbindung gebracht wird, ist eine Erfindung.

Das Resultat des Salemer Dreiecksgeschäfts war dem Fälscher am Ende wichtig zu erwähnen, denn wer hätte da sonst noch den Überblick gehabt:

Und wir haben mit Zustimmung der Brüder und Pfarrer unserer Kirche von Augens das Sondergut in Hohinberg als ewigen Besitz an die Kirche von Salem übertragen.

Ewiger Besitz ist immer gut und wichtig. Wir sehen Eigentumsübertragung von der Reichenau an Salem, obwohl die Reichenau mit dem angeblich ursprünglichen Tausch gar nichts zu tun gehabt hatte. Und nicht namentlich genannte Pfarrer und Brüder der Reichenau haben angeblich dem Handel zugestimmt. Ein Schema, das wiederholt zu sehen ist.
Es handelt sich also um ein klassisches Tauschgeschäft zu Lasten Dritter, in diesem Fall zu Lasten der Reichenau.
Die Diethelmurkunde muss weit nach dem Tode Diethelms angefertigt worden sein, als die Reichenau aus irgendeinem Grund nicht in der Lage war sich zu wehren. Und wer zweifelt schon nachträglich eine Schenkungsurkunde des eigenen ehemaligen Abtes an?

Die Diethelmurkunde vom angeblichen Jahr 1202 dürfte nicht im Jahr 1202, sondern viele Jahre danach geschrieben worden sein. Jemand hat sich auf diese Weise im frühen 13.

Jahrhundert mit diesem Trick am Eigentum der Reichenau vergriffen, und das nicht nur mit dieser einen Diethelmurkunde von 1202.

Ganz offenbar wurden im Namen Diethelms von Krenkingen mehrere falsche Urkunden erstellt:

Im Codex salemitanus gibt es von Diethelm etwa ein Dutzend Urkunden ohne Tagesangabe der Beurkundung. Es ist immer dasselbe Schema zu sehen: undurchsichtige Dreiecksgeschäfte, rückwirkende Bestätigungen, keine echten Zeugen, Nachteil für Reichenau, Vorteil für Salem. Und noch einige andere Male spielt man die Masche mit angeblich beteiligten Soldaten, aus der Höri oder sonstwo her, ein Soldat Bertold taucht auf, ein Rudolf Soldat von Ramsberg, Ulrich Soldat von Bodman, ein Soldat ohne Namen, dann wieder mehrere Soldaten, usw.

Soldaten haben den Vorteil dass sie keine Einheimischen sind, nie lange am gleichen Ort wohnen, sondern von Zeit zu Zeit in den Krieg ziehen müssen und dort umkommen können. Der wichtigste Zeuge ist dann leider unbekannt verzogen oder verschollen. Wer soll da den Nachweis einer Fälschung führen können?

Sind also die Diethelmurkunde und ihre nicht vollständig datierten Pendants ebenfalls ein Werk Venedigs? Das kann man wegen der hier aufgezeigten Raffinesse annehmen.

Siehe z.B. auch bei Helmut Maurer, Das Bistum Konstanz 5: Die Konstanzer Bischöfe vom Ende des 6. Jahrhunderts bis 1206 (Germania Sacra N. F. 42,1):

> … eine unmittelbare Belehnung bischöflicher Ministerialen erhellt auch aus einer undatierten Urkunde Bischof Diethelms für Kloster Salem. Hier ist die Rede davon, daß Berthold genannt „Soldat von der Höri" zusammen mit seiner Frau und seinen Kindern ein Gut in Watt in die

Hände Konrads von Castell übergeben habe, da sie beide Ministerialen der Konstanzer Kirche seien. Konrad von Kastell sollte es sodann mit Zustimmung des Bischofs den Mönchen von Salem überlassen.

Ein mögliches Ortsjubiläum von Göggingen könnte sich somit auf die Stiftungsurkunde des Klosters Wald vom Jahr 1212 beziehen[31], auch wenn es hier ebenfalls eventuelle Datierungsprobleme gibt, oder besser noch auf die Walafriedurkunde, die spätestens 1165 verfasst wurde, mit ihrem interessanten und illustren Hintergrund.

Burchardo maior de Geckingen

Abb.: Die Erwähnung des Dorfes Göggingen in der Stiftungsurkunde des Klosters Wald im Jahr 1212. "Burchardo maior de Geckingen".

„Die Fälschungen beginnen in neutestamentlicher Zeit und haben nie aufgehört" [Der ev. Theologe Carl Schneider: Geistesgeschichte der christlichen Antike, 1976]

---

31 siehe Freiburger Diözesanarchiv Band 12 1878

Anhang

Sehr geehrte Damen und Herren,

ich bin Heimatforscher, stamme aus Göggingen / Baden und befasse mich zur Zeit mit den Reichenauer Urkunden (-fälschungen), die Urkunden meines Heimatdorfes betreffend.

Das Württembergische Urkundenbuch ediert die Urkunde vom 6. April 811 (Vogtsurkunde, Karl der Große) so: Tria, non alia loca extra insulam ad hoc deputavimus et determinavimus, in quibus eos rite annuatim placitum habere concessimus; scilicet apud **Geggingen**, Ermutingen et Walmutingen, vel si magis utrique, abbat ...

Gallus Öheim übersetzt diese Stelle wie folgt ins Deutsche: abbt berüfft dahin kerne, damit er dann des abtz gevallen und beger gnüg tätte, wann wir drü andre örter usserhalb der insel bestimpt und verordnott haben, in denen die vögt jerlich ordenliche gricht und tädingen haben sollen, das ist **Tettingen**, Hermandingen und Wolmatingen, oder ob es dem abbt und vogt gefellig wer, zü Almensdorff. An welchen disen dryen orten der vogt gericht haut, so offt das wurd sin, sol doch im in dem jar ainest, und nit mer, fünf malter zu brott und anders zü der zerung nottdurfftig gegeben werden, das in ainem jar in ainer sum fünffzehen malter bringt.

Ich habe die handschriftliche Quelle von Öheim in der Email angefügt: hier liest man eindeutig: nicht geggingen sondern Tettingen. („Das ist tettingen, hermandingen und wolmatingen").

Auch Karl Brandi schreibt von Öheim ab: tettingen.
damit er dann des abtz gevallen und beger gnüg tätte, wann wir drü andre örter usserhalb der insel bestimpt und verordnott haben, in denen die vögt jerlich ordenliche gricht und tädingen

126

haben söllen, das ist **Tettingen**, Hermandingen und Wolmatingen, oder ob es dem abbt und vogt gefellig wer, zu Almensdorff.

[Karl Brandi: Geschichte der Abtei Reichenau. Die Chronik des Gallus Öhem. 1893. Seite 45].

Das Württembergische Urkundenbuch schreibt: Geggingen, Gallus Öheim und Brandi schreiben hingegen: tettingen (=Dettingen).

Nun wäre es für mich natürlich interessant zu wissen, ob mein Heimatdorf Göggingen tatsächlich Erwähnung findet in dieser Urkunde von 811, oder ob Dettingen gemeint ist.

Von der Logik her müßte Dettingen gemeint sein, denn dieses liegt in der Nähe der beiden anderen erwähnten Ortschaften Ermatingen und Wollmatingen, während Göggingen aufgrund der Ferne zur Reichenau eigentlich nicht her passt.

Vielleicht ist diese Urkunde schon digitalisiert. Könnten Sie mir dann vielleicht einen Scan der Stelle der Originalurkunde zusenden, wo ich das Wort Geggingen / Tettingen selber sehen kann, wenn möglich im Kontext mit einigen anderen Wörtern oder Sätzen.

Vielen Dank.

Mit freundlichen Grüßen

Herbert Fießinger

Baden-Württemberg

LANDESARCHIV
HAUPTSTAATSARCHIV STUTTGART

Hauptstaatsarchiv Stuttgart · Konrad-Adenauer-Str. 4 · 70173 Stuttgart

Herrn
Herbert Fießinger
XXX
XXX

Datum 16.05.2023
Bearbeiter/in Frauenknecht
Durchwahl (0711) 212-4316
E-Mail erwin.frauenknecht@la-bw.de
Aktenzeichen 7-R°211/Fr (Bitte bei Antwort angeben)

Per E-Mail: xxx@web.de

🦁 Urkunden Reichenau - Tettimgen

Sehr geehrter Herr Fießinger,

über den Eintrag im Württembergischen Urkundenbuch können Sie alle relevanten Zusammenhänge der angeblichen Urkunde Karls des Großen von 811 für das Kloster Reichenau ermitteln:
http://www.wubonline.de/?wub=134.
Bei der Urkunde handelt es sich um eine Fälschung, die ohne echte Vorlage im 12. Jahrhundert vom Kloster Reichenau hergestellt worden war, und im Jahr 1312 von Ks. Heinrich VII. beglaubigt wurde.
Diese Beglaubigung Heinrichs VII. aus dem Jahr 1312 ist im Württembergischen Urkundenbuch abgedruckt, nach HStA Stuttgart H 51 U 229. Diese Urkunde liegt digitalisiert vor:
http://www.landesarchiv-bw.de/plink/?f=1-1259888-1
Dort ist eindeutig Geggingen zu lesen, wie es auch im WUB wiedergegeben ist.

Wie Sie durch Abgleich mit Gallus Öheim aber bereits ermitteln konnten, passt das nicht zu den beiden anderen genannten Orten im unmittelbaren Umfeld der Reichenau. Tettingen (=Dettingen) ist demnach die richtige Identifizierung, und so ist der Ortsname auch in der maßgeblichen Edition der Urkunde von 811 in den MGH (MGH DDKarol. I. Nr. 281, S. 419 unten) wiedergegeben:
https://www.dmgh.de/mgh_dd_karol_i/img/150/mgh_dd_karol_i

_00428.jpg
Aus Ihrem Hinweis ergibt sich die Notwendigkeit, im Württembergischen Urkundenbuch die irreführende Verweisung auf Göggingen zu korrigieren.
Mit Dank und freundlichen Grüßen,
Erwin Frauenknecht

Die Walafriedurkunde: (obere Hälfte der Urkunde):

In der drittletzten Zeile: "gecgingen"

Die Vogturkunde: (Ausschnitt):

Rechts neben dem Karolusmonogramm: "Geggingen"

Abstract:

The Reichenau monastery on Lake Constance / southern Germany experienced rapid growth in the Middle Ages and became immeasurably rich through illumination of church books and through the property of their noble monks. The patron saint of the monastery was St. Mark the Evangelist. Reichenau claimed that the relic of St. Mark was bought from the Doge of Venice in 830. With this, the monastery got in conflict with the Republic of Venice, which also claimed that the bones of this saint lie in St. Mark's Basilica in Venice. - Venice, before 1094, chose the Winged Lion as the symbol of their republic, the Babylonian symbol of absolute power. Because of the rivalry between Venice and Reichenau, the Serenissima Venice subsequently did everything possible to damage the Reichenau monastery. As a result, the conditions in the monastery quickly became unbearable, and the monks' morale completely went down. The monastery became impoverished as a result and experienced an unprecedented rapid decline from around the year 1100. To the disadvantage of the Reichenau monastery, Venice forged documents (imperial charters), which is to be shown by several documents from the village of Göggingen. - The Reichenau Monastery was allegedly built in 724 by Bishop Pirmin and will soon be celebrating its 1300th anniversary. By uncovering various miracle stories as an invention, it can be shown that Reichenau, on the other hand, was first founded not before the beginning of the 10th century. By this Pirmin and many other people are inventions of the Middle Ages. The early history of the Reichenau monastery is different from what is taught. These new findings thus also support the thesis of Dr. Heribert Illig on his "invented Middle Ages 614-911".

Literatur

Anwander Gerhard (2000): Von Klöstern, Karolingern und Konkordat. Zeitensprünge Dez. 2000, S. 680, Mantis Verlag

Badische Landesbibliothek, Cod. Aug. perg. 84, fol. 114r: Bericht zum Besuch des Kardinals Marco Barbo auf der Reichenau 1474; Cod. Aug. pap. 14, fol. 152v

Beyerle (Hrsg.) (1925): Die Kultur der Abtei Reichenau Band 1. Verlag der Münchner Drucke.

Bock Sebastian: Das Markusgrab im Münster von Reichenau-Mittelzell, Heidelberg: arthistoricum.net, 2022 (Studien zur Kunst- und Kulturgeschichte am Oberrhein, Band 3). Veröffentlicht am 20.12. 2022. - Keine Seitenangaben, da nur online. https://books.ub.uni-heidelberg.de/arthistoricum/catalog/book/1138

Borst Arno: Mönche am Bodensee

Borst Arno: Hermann der Lahme. Hegau - Zeitschrift für Geschichte, Heft 32/33 1975/76

Brandi Karl (1890): Die Geschichte der Abtei Reichenau I: Die Reichenauer Urkundenfälschungen

Brandi Karl (1893): Die Geschichte der Abtei Reichenau II: Die Chronik des Gallus Öhem

Dennig Regina und Zettler Alfons (1996): Der Evangelist Markus in Venedig und in Reichenau, in Zeitschrift für die Geschichte des Oberrheins 144

Farrell Joseph: Financial Vipers of Venice; Babylon's Banksters

Gröber Conrad (1922): Reichenauer Kunst

Gröber Conrad (1938): Die Reichenau

Güßfeldt E. (1894): Die Insel Reichenau und ihre Klostergeschichte

Hoffmann Volker: Der St. Galler Klosterplan - einmal anders gesehen, in: Zeitensprünge April 1995, Mantis Verlag

Illig Heribert (1996): Das erfundene Mittelalter

Illig Heribert (2017): Des Kaisers leeres Bücherbrett. Wer bewahrte das antike Erbe?

Kempf Gustav (1969): Das Gögginger Dorfbuch

Knittel Helmut: Walahfrid Strabo Visio Wettini, Thorbeke Verlag

Nobbe K. (1893): Die Chronik Herimanns von Reichenau

Reisser Emil (1960): Die frühe Baugeschichte des Münsters zu Reichenau

Richter Michael (1996): Neues zu den Anfängen des Klosters Reichenau, in Zeitschrift für die Geschichte des Oberrheins 144

Schwarzmaier Hansmartin: Die Gründungsurkunden der Reichenau

Schulte Aloys (1925) in: Die Kultur der Reichenau Bd.1

Staiger Franz Xaver (1860): Die Insel Reichenau im Untersee

Untermann, Matthias (2001): Die archäologische Erforschung der Insel Reichenau; in: *Arbeitsheft 8 des Landesdenkmalamts Baden-Württemberg,* Stuttgart; S. 157-171

Vogturkunde: http://www.landesarchiv-bw.de/plink/?f=1-1259888-1

Walafriedurkunde: http://www.landesarchiv-bw.de/plink/?f=4-3883698-1

Zettler Alfons: Die politischen Dimensionen des Markuskults im hochmittelalterlichen Venedig

Zu Venedig siehe auch die Bücher von Webster Tarpley